Г.Л

MW01282521

УПОТРЕБЛЕНИЕ ВИДОВ ГЛАГОЛА
в русском языке

Учебное пособие для иностранцев,
изучающих русский язык

6-е издание, стереотипное

РУССКИЙ ЯЗЫК
КУРСЫ

Москва
2008

УДК 808.2(075.8)–054.6
ББК 81.2Рус-923
С42

Рецензенты: к. ф. н. *Т.К. Вострецова*
                 к. ф. н. *Г.В. Рагульская*
                 к. п. н. *В.Д. Шершавицкая*

Скворцова Г.Л.

С42   **Употребление видов глагола в русском языке:** Учебное пособие для иностранцев, изучающих русский язык – 6-е изд., стереотип. – М.: Рус. яз. Курсы, 2008. – 136 с.

ISBN 978-5-88337-021-1

Цель данного пособия — научить иностранных учащихся в рамках базовой программы правильно употреблять виды глаголов.

Оно содержит как теоретический, так и практический материал. Презентация изучаемого материала осуществляется в плане противопоставления НСВ—СВ и сопровождается комментариями. Для закрепления каждой темы предлагаются различные типы упражнений.

Предназначено иностранным учащимся как на начальном, так и на продвинутом этапах обучения с гуманитарной ориентацией. Его можно также использовать и в группах естественно-технического профиля.

ISBN 978-5-88337-021-1
© Издательство «Русский язык» Курсы, 2000

Репродуцирование (воспроизведение) данного издания любым способом без договора с издательством запрещается

Предисловие

Данное пособие адресовано иностранным учащимся как на начальном, так и на продвинутом этапах обучения с гуманитарной профессиональной ориентацией. Его можно также использовать и в группах естественно-технического профиля, так как учебный материал в пособии представлен в микротемах, что даёт возможность его отбора с учётом программы и уровня знаний студентов.

В работе над пособием автор опирался на труды таких учёных, как А.М. Ломов, Ю.С. Маслов, А.В. Бондарко, О.П. Рассудова, а также на опыт, основанный на многолетней практике преподавания русского языка иностранцам и отражённый в книгах О.П. Рассудовой, Н.А. Лобановой, Л.В. Степановой, Л.Н. Шведовой, Т.Г. Трофимовой.

В пособии семь глав, в которых содержится как теоретический, так и практический материал. В первых пяти главах рассматривается употребление глаголов НСВ и СВ в прошедшем и будущем времени, в повелительном наклонении, в форме инфинитива, в сложноподчинённых предложениях времени. В шестой главе представлены тексты для повторения и активизации пройденного учебного материала в речи, в седьмой – упражнения для контроля на выбор нужного вида глагола.

Главная цель пособия – научить иностранных учащихся в рамках базовой программы правильно оперировать видами глаголов в речевом общении.

Введение материала в пособии организовано по принципу: от формы к значению, что, по мнению автора, наиболее соответствует содержанию и характеру подготовительного курса обучения.

Презентация изучаемого материала осуществляется в плане противопоставления НСВ—СВ и сопровождается комментариями, в которых отсутствует специальная терминология, связанная с данной темой, так как задача пособия – сосредоточить внимание преподавателя и учащихся на практической стороне проблемы.

Для закрепления каждой темы в пособии предлагаются следующие типы упражнений:

1) упражнения на узнавание и понимание изучаемого материала;

2) тренировочные упражнения для активизации изучаемого материала;

3) речевые упражнения и задания для введения изучаемого материала в речь; для контроля за усвоением пройденного материала;

4) заключительное упражнение.

Такие значения глаголов НСВ, как процесс действия, многократность действия, и глаголов СВ, как результат действия, представлены во всех разделах пособия, потому что вызывают значительные трудности у иностранных учащихся в определении этих значений в разных формах глагола.

В пособии использованы рисунки X. Бидструпа, сказки, шутки, произведения российских писателей, материалы прессы.

Автор выражает глубокую благодарность рецензентам Т.К. Вострецовой, Г.В. Рагульской, В.Д. Шершавицкой за ценные замечания, которые способствовали улучшению данного издания.

Глава I. УПОТРЕБЛЕНИЕ ГЛАГОЛОВ НСВ И СВ В ПРОШЕДШЕМ ВРЕМЕНИ

1. Употребление глаголов СВ, называющих действие как конкретный целостный факт, ограниченный пределом, и глаголов НСВ, называющих действие как не ограниченный пределом процесс.

Н С В	С В
Рабочие **строили** общежитие шесть месяцев.	Наконец рабочие **построили** общежитие. Теперь студенты будут жить в новом общежитии.

Комментарий

Глаголы НСВ обозначают действие в его течении, в его процессе без указания на завершённость; глаголы СВ указывают на завершённость действия в его целостности (начало + продолжение + конец).

В контексте значение процесса у глаголов НСВ может проявляться в сочетании со словами, указывающими на длительность действия (*шесть месяцев, долго* и т. д.); значение завершённости действия у глаголов СВ — с такими словами, как *наконец, через час* и т. п.

П р и м е ч а н и е . Следует обратить внимание на то, что: 1) в русском языке есть глаголы, не допускающие представления о процессе действия, например, *забывать, прощать, находить* и др., которые в НСВ обозначают повторяемость действия (*В детстве во время игры я всегда* **забывал** *об уроках.*); 2) некоторые глаголы с приставкой **по-** указывают не на результат действия, а на ограниченность его длительности. (Ср.: *Я* **читал** *книгу час. Я* **прочитал** *книгу и пошёл в библиотеку. Я немного* **почитал**, *устал и лёг спать.*)

Упражнение 1. *Прочитайте предложения. Определите вид выделенных глаголов и объясните их употребление.*

1. Анна **читала** книгу четыре дня. Анна **прочитала** книгу и вернула её в библиотеку. 2. Задача была трудная для Виктора, и он **решал** её целый час. Наконец он **решил** её. 3. Антон **учил** стихотворение 30 минут. Через 30 минут он **выучил** стихотворение и теперь может прочитать его на студенческом вечере. 4. Это здание **строили** очень долго. Наконец **построили** его. 5. Вера **убирала** комнату 20 минут. Через 20 минут Вера **убрала** комнату и начала готовить обед. 6. Студенты **писали** сочинение 2 часа. Через 2 часа студенты **написали** сочинение и сдали свои работы преподавателю.

Упражнение 2. *Прочитайте предложения. Выберите из скобок глаголы нужного вида и употребите их в прошедшем времени.*

1. – Вы долго занимались? – Да, я (писать—написать) сочинение 2 часа и наконец через 2 часа я (писать—написать) его. 2. Врач приехал к больному по вызову. Он (осматривать—осмотреть) его 20 минут. Когда врач (осматривать—осмотреть) больного, он выписал ему лекарство и уехал в поликлинику. 3. В аудитории чисто: уборщица (убирать—убрать) ее утром до занятий. Она (убирать—убрать) аудиторию 15 минут. 4. Директор (выступать—выступить) перед студентами 40 минут. Когда он (выступать—выступить), он стал отвечать на вопросы. 5. – Ты знаешь урок? – Да, я (учить—выучить) его. 6. – Ты долго (учить—выучить) его? – Нет, недолго. 7. Весь день она (готовить—приготовить) для гостей праздничный ужин. Она (готовить—приготовить) 5 национальных блюд. 8. Туристы (отдыхать—отдохнуть), теперь они могут идти дальше. 9. Летом Виктор 2 недели (отдыхать—отдохнуть) на Чёрном море.10. Анна (завтракать—позавтракать), (одеваться—одеться) и пошла на занятия в институт. Анна (завтракать—позавтракать) всего 10 минут. 11. Студенты (осматривать—осмотреть) город 2 часа. Когда они (осматривать—осмотреть) город, они поехали обедать. 12. – У тебя есть новый учебник? – Да, я (покупать—купить) его вчера в Доме книги на Новом Арбате.

Упражнение 3. *Ответьте на вопросы, употребляя глаголы из скобок. Используйте образец.*

О б р а з е ц : – Сколько времени вы были заняты подготовкой к студенческому вечеру? (готовиться—подготовиться)

– Мы **готовились** к вечеру целую неделю.

– Студенческий вечер был интересный? (готовиться—подготовиться).

– Да. Студенты **подготовили** интересный вечер.

1. Сколько времени вы были в Третьяковской галерее? (осматривать—осмотреть). 2. Когда ваш друг вернул вам ваш словарь? (переводить—перевести). 3. У вас сегодня есть что-нибудь на обед? (готовить—приготовить). 4. Вы можете показать домашнее задание преподавателю? (делать—сделать). 5. Домашнее задание было большое? (делать—сделать). 6. Сколько времени продолжались каникулы у студентов зимой? (отдыхать—отдохнуть). 7. Когда лаборант продолжил свою работу? (отдыхать—отдохнуть). 8. Сколько времени студенты были в столовой? (обедать—пообедать). 9. Когда студенты вернулись в аудиторию на занятия? (обедать—пообедать). 10. Когда Хуан получил диплом об окончании университета? (сдавать—сдать). 11. Когда зрители начали аплодировать артисту? (выступать—выступить). 12. Сколько времени артист был на сцене? (выступать—выступить). 13. Сколько времени студенты слушали лекцию? (читать—прочитать). 14. Когда начался у студентов перерыв на обед? (читать—прочитать). 15. Когда художник подарил вам ваш портрет? (рисовать—нарисовать). 16. Сколько времени художник работал над вашим портретом? (рисовать—нарисовать). 17. Когда врач выписал больному рецепт на лекарство? (осматривать—осмотреть). 18. Задача была трудная? (решать—решить). 19. Вы хорошо знаете новые слова? (учить—выучить). 20. Сколько времени вы потратили на домашнее задание? (переводить—перевести).

НСВ	СВ
Антон **учил** новые слова *час*, но ещё плохо знает их.	Антон **выучил** новые слова *за час* и теперь хорошо знает их.
Сколько времени Антон **учил** новые слова?	*За сколько времени* Антон **выучил** новые слова?

Комментарий

> В контексте глаголы НСВ в значении процесса могут употребляться в сочетании со словами, отвечающими на вопрос *сколько времени?*, так как подчёркивают длительность действия, его развитие, а глаголы СВ – в сочетании с конструкцией *за сколько времени?*, указывающей на время, затраченное на достижение результата действия.

П р и м е ч а н и е . С конструкцией *за сколько времени* могут употребляться и глаголы НСВ, но только в том случае, если они обозначают повторяющееся действие. *За сколько времени вы обычно* **доезжаете** *до университета?*

Упражнение 4. *Ответьте на данные вопросы.*

1. Сколько времени вы готовились к экзамену по истории?

2. За сколько времени вы подготовились к экзамену по физике?

3. Сколько времени строили новую библиотеку?

4. За сколько времени построили здание выставки?

5. Сколько лет этот артист играл в Центральном детском театре?

6. Сколько ролей сыграл этот артист за всю свою жизнь?

7. Сколько времени журналист писал статью?

8. За сколько времени журналист написал статью?

Упражнение 5. *Поставьте вопросы к выделенным словам.*

1. Мой брат изучал английский язык **пять лет**. 2. Стадион построили **за восемь месяцев**. 3. Мария училась плавать **всё лето**. 4. Борис научился плавать **за несколько дней**. 5. Преподаватель проверил контрольные работы студентов **за час**. 6. Хуан перевёл новый текст **за 15 минут**. 7. Экскурсовод рассказывал о жизни и творчестве композитора

П.И.Чайковского **полтора часа.** 8. Студенты осмотрели Дом-музей П.И.Чайковского **за полтора часа**.

Упражнение 6. *Вставьте вместо точек нужные по смыслу глаголы. Следите за употреблением видов.*

1. Я ... этот роман неделю. 2. Мой друг ... этот роман за пять дней. 3. Во время летних каникул студенты целый месяц ... на море. 4. Мой брат ... домашнее задание за два часа. 5. Школьники ... задачи полтора часа. 6. Мария ... эту песню за полчаса. 7. По радио ... новости 10 минут. 8. Преподаватель ... новый материал за 30 минут. 9. Студенты ... на вопросы преподавателя 20 минут.

Упражнение 7. *Используя глаголы, данные в скобках, дополните диалоги недостающими вопросами или ответами по образцу. Следите за употреблением видов. Укажите возможные варианты.*

О б р а з е ц : – Тесты были трудные?   – Тесты были трудные?

– Для меня – нет, я ...   – Для меня нет, **я сделал** все тесты без ошибок

– ...?   – Сколько времени ты их **делал?**

– 30 минут.   – 30 минут.

(делать—сделать)

1. – Вчера я два часа учил стихотворение.

– ...?

– Да. Теперь я хорошо знаю его.

(учить—выучить)

2. – Вчера я прочитал интересную статью о русских художниках.

– Статья большая?

– Да, очень.

– ...?

– Весь вечер.

(читать—прочитать)

3. – Какое у вас сегодня домашнее задание?
   – Перевод нового текста.
   – ...?
   – Да, теперь могу отдыхать.
   – ...?
   – За 20 минут. Текст нетрудный.
(переводить—перевести)

4. – ...?
   – Да. А что?
   – Я не понимаю эту задачу. Объясни мне, пожалуйста.
   – С удовольствием.
(решать—решить)

5. – Мой друг очень хорошо говорит по-русски.
   – ...?
   – 5 лет.
(изучать—изучить)

6. – У вас уже были выпускные экзамены?
   – Да.
   – ...?
   – На отлично.
(сдавать—сдать)

7. – У вас вчера был устный или письменный экзамен?
   – Письменный.
   – ...?
   – 4 часа.
(писать—написать)

8. – Ты уже свободен?
   – ... .
   – Тогда пойдём погуляем немного.
(готовить—приготовить)

9. – У тебя уже есть виза?

– Да, ...

(получать—получить)

10. – Этот рассказ большой?

– Нет, я ... .

(читать—прочитать)

Н С В	С В
Виктор **переводил** текст и **смотрел** новые слова в словаре.	Виктор **перевёл** текст и **вернул** другу словарь.
Когда Виктор **переводил** текст, он **смотрел** новые слова в словаре.	*Когда* Виктор **перевёл** текст, он **вернул** другу словарь.

Комментарий

Глаголы НСВ в роли однородных сказуемых или в сложноподчинённых предложениях времени с союзом *когда* могут указывать на одновременность действий, а глаголы СВ – на их последовательность.

Упражнение 8. *Прочитайте предложения. Определите вид выделенных глаголов и объясните их употребление.*

1. Анна **уехала** на занятия в университет и **повторяла** урок. 2. Антон **читал** рассказ и **выписывал** новые слова в тетрадь. 3. Никита **отдыхал** и **слушал** музыку. 4. Он **отдохнул** и **стал** делать домашнее задание. 5. Вера **повторила** урок и **пошла** на занятия. 6. Когда Олег **прочитал** книгу, он **вернул** её в библиотеку. 7. Дети весело **смеялись**, когда **играли** в саду. 8. Когда Иван **сыграл** с другом партию в шахматы, он **попрощался** и **пошёл** домой.

Упражнение 9. *Закончите данные предложения по образцу. Следите за употреблением видов.*

О б р а з е ц : Когда я готовился к экзаменам, я ... .

Когда я готовился к экзаменам, я поздно ложился спать.

1. Студенты отдохнули и ... . 2. Виктор устал и ... . 3. Антон ждал друга и ... . 4. Анна слушала музыку и ... . 5. Я смотрел фильм и ... . 6. Я посмотрел фильм и ... . 7. Когда он получил письмо, ... 8. Когда он встал, ... 9. Когда мы обедали, ... 10. Когда мы пообедали, ... 11. Когда я летел на самолёте, ... 12. Когда я прилетел в Москву, ...

НСВ	СВ
Раньше он обычно **завтракал** дома.	Вчера он **позавтракал** в кафе.

Комментарий

Глаголы НСВ могут обозначать повторяющиеся действия, а глаголы СВ – неповторяющееся единичное действие в его целостности.

В контексте значение повторяемости у глаголов НСВ может проявляться в сочетании с такими словами, как *часто, обычно, регулярно, ежедневно, каждый раз, по вечерам* и т.п.

Упражнение 10. *Прочитайте предложения. Определите вид выделенных глаголов и объясните их употребление.*

1. Обычно по утрам отец **читал** свежие газеты. Вчера он **прочитал** интересную статью о Марине Попович. Она единственная в мире женщина – лётчик-испытатель. 2. Обычно по вечерам Антон **писал** письма родным и друзьям. Вчера он **написал** два письма: одно – брату, другое – другу. 3. Альпинисты несколько раз **поднимались** на гору Казбек. Альпинисты **поднялись** на гору и увидели прекрасный вид на долину. 4. Я всегда **помогал** своему младшему брату. Вчера я **помог** младшему брату решить трудную задачу. 5. Он **принимал** лекарство три раза в день. Он **принял** лекарство, и ему сразу стало лучше. 6. Преподаватель каждый день **проверял** домашнее задание у студентов. Преподаватель **проверил** экзаменационные работы студентов и поставил им оценки.

Упражнение 11. а) *Прочитайте данный текст, употребляя глаголы в прошедшем времени;* **б)** *Замените глаголы НСВ глаголами СВ в прошедшем времени. Объясните, как изменится смысл текста.*

Обычно я встаю в 8 часов утра, делаю зарядку, принимаю душ, одеваюсь, готовлю завтрак. На завтрак я пью кофе с молоком и ем бутерброд с сыром. После завтрака я выхожу из дома и приезжаю в институт без пятнадцати минут десять. Занятия начинаются в 10 часов утра и кончаются в 3 часа дня. Домой я возвращаюсь около четырёх часов. Сначала я отдыхаю немного, а потом делаю домашнее задание. Вечером я смотрю передачи по телевизору. В 12 часов ночи ложусь спать.

Упражнение 12. *Закончите данные предложения по образцу, употребляя глаголы в прошедшем времени.*

О б р а з е ц : Обычно я получаю письма от родителей и друзей. А вчера ... .

Обычно я получаю письма от родителей и друзей. А вчера я **получил** письмо от старого школьного учителя.

1. Обычно он звонит родителям по вечерам. А вчера ... . 2. Обычно он обедает в студенческой столовой. А вчера ... . 3. Обычно он покупает книги в магазине «Прогресс». А словарь синонимов ... . 4. Обычно он переводит со словарём. А вчера ... . 5. Обычно он берёт учебники и словари в библиотеке. А в субботу ... . 6. Обычно она убирает комнату по утрам. А в пятницу ... . 7. Обычно он делает домашнее задание сразу после занятий в университете. А вчера ... . 8. Обычно он готовит ужин сам. А в воскресенье ... .

Упражнение 13. *Ответьте на данные вопросы по образцу.*

О б р а з е ц : – Когда вы были студентом университета, как вы питались?

– Я сам готовил завтрак и ужин, а **обедал** в студенческой столовой.

1. – Как вы изучали русский язык?

– ... .

2. – Как вы укрепляли своё здоровье?

– ... .

3. – Как вы соблюдали чистоту в общежитии?

– ... .

4. – Как вы проводили свободное время?

– ... .

5. – Как вы изучали русскую литературу?

– ... .

6. – Как вы изучали политическую обстановку в России?

– ... .

7. – Как вы готовились к экзаменам?

– ... .

Упражнение 14. *Расскажите, как проходил ваш обычный день на родине.*

Упражнение 15. *Расскажите, как вы провели прошлое воскресенье.*

Упражнение 16. а) *Прочитайте тексты. Выберите из скобок глаголы нужного вида, употребите их в прошедшем времени;* **б)** *Перескажите тексты.*

Перед тем как прочитать тексты, посмотрите в словаре значения данных слов:

молиться—помолиться	сбитень
бояре	попадать—попасть
приправа	шторм
пост	буря
квас	

I. В древней Москве горожане (вставать—встать) очень рано, с восходом солнца, зимой – задолго до рассвета. Сначала они (молиться—

помолиться), потом (умываться—умыться) и (расходиться—разойтись) по своим делам: бояре (спешить—поспешить) к царю, купцы (отправляться—отправиться) в свои лавки, ремесленники (приниматься—приняться) за работу. В полдень все (обедать—пообедать), затем по обычаю (ложиться—лечь) спать. После отдыха (приступать—приступить) снова к повседневным занятиям. А вечером, когда начинало темнеть, москвичи (спешить—поспешить) домой, (запирать—запереть) окна и двери. С наступлением темноты вся Москва (ложиться—лечь) спать.

II. Раньше москвичи (готовить—приготовить) блюда без соли и с большим количеством лука и чеснока. Горчицу, уксус и соль (ставить—поставить) на стол, чтобы каждый мог брать приправу по своему вкусу. Обычно москвичи (есть—поесть) простую пищу: кашу, капусту, огурцы, а рыбу и мясо (употреблять—употребить) редко из-за многочисленных постов. Они часто (печь—испечь) пироги с изюмом, разными ягодами, капустой, морковью и маком. Обычно они (пить—выпить) квас, мёд, сбитень.

III. Как английские купцы (попадать—попасть) в Москву? Однажды английская королева (отправлять—отправить) свои корабли в богатую Индию. Во главе экспедиции (вставать—встать) Ричард Ченслер. Но когда его корабли плыли в Северном море (начинаться—начаться) страшный шторм. Многие корабли (погибать—погибнуть) в этой буре. И только Ричард Ченслер с группой моряков (спасаться—спастись). Они узнали, что находятся на земле, которая принадлежит русскому царю Ивану IV (Грозному). Капитан (решать—решить) идти в Москву и просить у царя защиты и помощи. Царь Иван (принимать—принять) иностранных гостей и (разрешать—разрешить) им торговать в Москве.

> 1. – Что было на студенческом вечере?
>   – **Читали** стихи русских поэтов.
>
> 2. – Вы читали стихи Пушкина?
>   – **Читал**.
>
> 3. В зале было тихо: это **читали** стихи русских поэтов.

Комментарий

> Глаголы НСВ могут выражать общее указание на самый факт действия безотносительно к характеру его протекания (процессу или повторяемости), т.е. могут только называть его (пример 1), или указывать на его наличие или отсутствие (пример 2), или раскрывать факт происходящего (пример 3).

П р и м е ч а н и е. Глаголы со значением п о я в л е н и я чаще всего употребляются в СВ (*появиться, возникнуть, родиться* и др.). В НСВ они могут указывать на повторяемость действия.

Упражнение 17. *Прочитайте диалоги. Определите вид выделенных глаголов и объясните их употребление; укажите, какие глаголы обозначают 1) процесс действия, 2) повторяемость действия, 3) факт действия, 4) завершённость, результат действия.*

1. – Что было вчера на занятии по русскому языку?

   – Мы **писали** сочинение о Москве.

   – И сколько времени вы его **писали**?

   – 2 часа.

2. – Ты уже знаешь эту новость?

   – Да, мне её **рассказал** Ли.

3. – Сегодня у нас будет контрольная работа по русскому языку. А у вас?

   – Наша группа уже **писала** контрольную работу в понедельник.

   – Вот как! Ну и как ты **написал**?

   – На отлично.

4. – Где ты был вчера?

   – Я ездил в центр города.

   – Гулял?

   – Нет, **покупал** подарки для родителей.

   – **Купил** что-нибудь?

   – Конечно, книги и сувениры.

5. – Где ты был вчера? Я **звонил** тебе.

   – Ходил в поликлинику к врачу.

   – А разве врач вчера **принимал**?

   – Да, он принимает студентов по пятницам.

   – Вот как! А раньше он **принимал** по понедельникам.

   – У него изменилось расписание.

6. – Я советую тебе взять в библиотеке рассказы А.П. Чехова.

   – Спасибо за совет, но я уже **читал** их.

7. – Почему ваша группа не была на занятиях в четверг?

   – У нас была экскурсия. Мы **знакомились** с достопримечательностями Москвы. Экскурсовод **рассказал** нам много интересного. Теперь я лучше знаю Москву.

8. – Я не видел тебя целую неделю! Что с тобой случилось?

   – Я **готовился** к экзамену.

   – Ну и как? **Подготовился**?

   – Да, надеюсь, что сдам экзамен хорошо.

Упражнение 18. *Закончите высказывания. Употребите глаголы НСВ и СВ в прошедшем времени. Используйте слова, данные для справок. Укажите возможные варианты.*

1. – Что вчера было на занятии по литературе?

   – Мы ... .

   – И сколько страниц вы ... .

   – Десять.

2. – Я слышал, что вы вчера были в Музее изобразительных искусств им. А.С.Пушкина.

   – Да, ...

   – Он очень большой, там много залов. Вы ... весь музей?

   – Конечно нет, только 4 зала.

3. – Пойдём в столовую, позавтракаем. Я не люблю есть один.

   – Спасибо. Но я сегодня уже ... .

4. – Вы когда-нибудь были в ресторане «Седьмое небо»?

   – Да, я ... .

5. – Преподаватель посоветовал нам купить толковый словарь русского языка. Ты уже ... ?

   – Да, вот он.

6. – У вас уже был экзамен по истории?

   – Да, ...

7. – Ты утром занимался?

   – Нет, я ... .

8. – Что было на концерте?

   – ... .

   – И как он ... ?

   – Прекрасно!

С л о в а   д л я   с п р а в о к: выступать—выступить, читать—прочитать, осматривать—осмотреть, сдавать—сдать, покупать—купить, убирать—убрать, обедать—пообедать, завтракать—позавтракать.

Упражнение 19. *Ответьте на вопросы по образцу. Используйте данные глаголы в прошедшем времени и нужном виде.*

О б р а з е ц : Почему в аэропорту было много народа? (встречать— встретить). В аэропорту было много народа, потому что **встречали** олимпийских чемпионов.

1. Почему в зрительном зале было тихо? (выступать—выступить)

2. Откуда у вас эта уникальная книга? (дарить—подарить)

3. Что вы делали в кассе Аэрофлота? (заказывать—заказать)

4. Что вы делали летом? (отдыхать—отдохнуть)

5. Вы можете идти дальше? (отдыхать—отдохнуть)

6. Почему вы слушали радио? (передавать—передать)

7. У вас есть билет на самолёт? (заказывать—заказать)

8. Почему все шумели? (обсуждать—обсудить)

9. Вы можете рассказать о творчестве А.П. Чехова? (готовиться—подготовиться)

10. Почему вы сидели у телевизора? (показывать—показать)

11. Что было на занятии по истории? (рассказывать—рассказать)

12. Вы знакомы с творчеством Ф.М. Достоевского? (читать—прочитать)

Упражнение 20. *Посмотрите на рисунки. Ответьте на вопросы в прошедшем времени: «Чем занимался ... ? Сколько времени занимался ... ? Что сделал ... ?»*

1

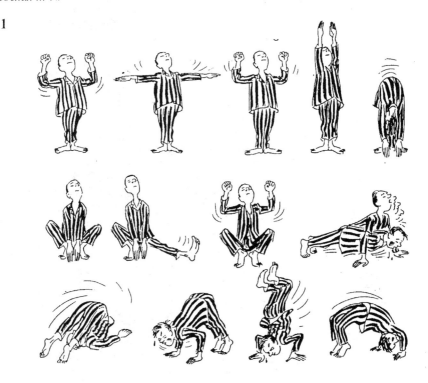

2

3

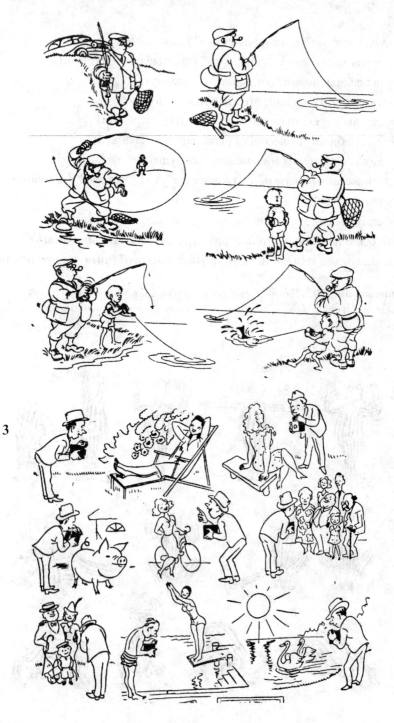

4

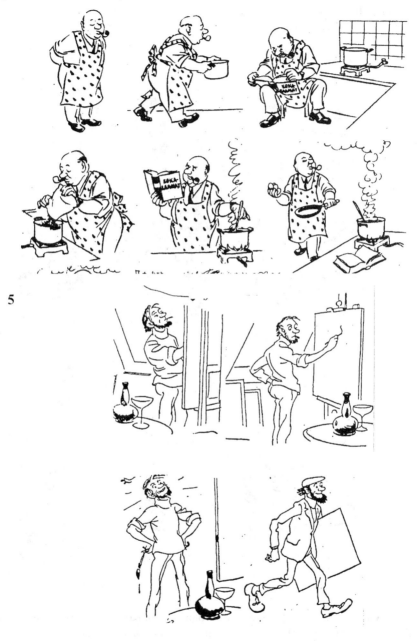

5

Упражнение 21. *Используя глаголы, данные для справок, расскажите по рисунку, чем занималась девушка целый день, что она делала утром и вечером.*

С л о в а   д л я   с п р а в о к : готовить—приготовить *что?*, подавать—подать завтрак в постель *кому?*, мыть—вымыть *что?*, выбивать—выбить ковёр, провожать—проводить *кого? куда?*

Упражнение 22. *Составьте рассказ по рисунку в прошедшем времени. Используйте слова для справок.*

ВЕСЁЛОЕ РОЖДЕСТВО

С л о в а   д л я   с п р а в о к : печь—испечь *что?*, стирать—постирать бельё, мыть—вымыть *что?*, гладить—погладить бельё, делать—сделать ёлочные игрушки, покупать—купить *что?*, готовить—приготовить подарки, украшать—украсить ёлку, любоваться *чем?*, уставать—устать, заснуть.

Упражнение 23. *Расскажите, чем вы занимались и что вам удалось сделать: 1) в прошлый четверг, 2) в прошлую субботу, 3) в прошлое воскресенье.*

Упражнение 24. *Прочитайте текст.* **а)** *Выберите из скобок глагол нужного вида;* **б)** *ответьте на вопросы, данные после текста;* **в)** *перескажите текст.*

Перед чтением текста посмотрите в словаре значения данных слов:

приказы	парадная палата
освещение	заседание
отопление	духовенство
вышивать—вышить	пир

ТЕКСТ

300–400 лет назад в Кремле жили кроме царской семьи: глава русской церкви – патриарх, князья, бояре, богатые купцы и слуги.

С раннего утра до позднего вечера в Кремле шумел народ, звонили колокола, кричали приказы.

Рядом с дворцом, где жили царь с царицей со своими детьми, стояли Сытный, Кормовой и Хлебный дворы.

На Сытном дворе (готовить—приготовить) разное питьё к царскому столу, на Кормовом дворе (варить—сварить) разные блюда из мяса и рыбы, на Хлебном дворе (печь—испечь) хлеб.

Царский дворец (обслуживать—обслужить) слуги. Они (следить—проследить) за чистотой, освещением и отоплением царского дворца.

А у царицы находились лучшие мастерицы. Они (вышивать—вышить) и (украшать—украсить) одежду царицы жемчугом и другими драгоценными камнями.

В парадной палате царского дворца (устраивать—устроить) торжественные заседания духовенства и царские пиры.

Вопросы

1. Кто жил в царском дворце 300–400 лет назад?
2. Как проходила жизнь на территории Кремля 300–400 лет назад?

3. Чем занимались слуги на Сытном дворе?

4. Чем занимались слуги на Кормовом дворе?

5. Чем занимались слуги на Хлебном дворе?

6. Какую работу выполняли слуги в царском дворце?

7. Чем занимались мастерицы царицы?

8. Что происходило в парадной палате царского дворца?

✳Упражнение 25 (для контроля). *Вместо точек вставьте глаголы нужного вида в прошедшем времени. Используйте слова из правой колонки.*

1.	– Что ты делал на почте? – ... посылку. – Ну и как? ...? – Да. Конечно. В этом году я уже два раза ... посылки от родителей.	получать—получить
2.	– Вчера я плохо себя чувствовал и не ходил на занятия. Что там было? – Преподаватель ... новый текст. Когда он ... его, мы стали записывать в тетради новые слова.	объяснять—объяснить
3.	После занятий преподаватель ... контрольные работы студентов. Он ... их полтора часа. Когда он ... все работы, поставил студентам оценки.	проверять—проверить
4.	– Что ты делал в субботу вечером? – ... детективный рассказ. Я ... его целый час. Он такой интересный, что я закрыл книгу только тогда, когда ... его до конца. Я очень люблю детективы и часто читаю их.	читать—прочитать
5.	– Ты ... своим родителям в воскресенье?	звонить—позвонить

3 – 2286

25

Да, ... Раньше я им ... каждую неделю, а теперь только раз в месяц. А после разговора с родителями я ... другу и пригласил его к себе в гости.

6. – Ты вчера смотрел по телевизору новый фильм?

  повторять—повторить

– Нет, ... материал перед контрольной работой.

– И сколько времени ты этим занимался?

– Весь вечер ... грамматику и новые слова.

– Всё ...?

– Думаю, что да.

7. – Антон уже три раза ... на семинаре.

  выступать—выступить

– А вчера он тоже ...?

– Да. И ... очень хорошо

8. – Если ты уже ..., убери со стола посуду и помой её.

  ужинать—поужинать

9. – Где ты обычно завтракаешь?

  завтракать—позавтракать

– На факультете в столовой. Но сегодня я ... дома, потому что у меня нет занятий.

10. – Чем ты занималась утром?

  готовить—приготовить

– ... обед.

– И что ...?

– Рыбу по-корейски. Приходи ко мне на обед.

– С удовольствием.

Н С В	С В
Кто **строил** это здание? В нём много недоделок.	Кто **построил** это здание? Кому удалось создать этот шедевр архитектуры?
– Когда **строили** МГУ? – В 60-е годы.	– Когда **построили** МГУ? – В 1953 году.
Он **называл** свою фамилию, но я забыл её.	Он **назвал** мне свою фамилию, я записал её.
Преподаватель уже **объяснял** этот текст?	Преподаватель уже **объяснил** этот текст?

Комментарий

Для передачи факта единичного действия, имевшего место в прошлом, могут употребляться глаголы обоих видов, так как на выбор вида может влиять не только лексическое значение конкретного глагола или его грамматическая форма, но и коммуникативная задача говорящего. Один и тот же факт действия может быть представлен в речи по-разному.

В данных примерах возможна замена одного вида другим. Однако в примере «Кто **строил** это здание?» предпочтителен глагол НСВ, так как факт действия связан с его процессом в прошлом, в примере «Кто **построил** это здание?» – глагол СВ, потому что факт действия связан с результатом, с осуществлённостью действия.

В примерах «Когда **строили** МГУ?» и «Когда **построили** МГУ?» соотнесённость НСВ с процессом и СВ с его результатом проявляется достаточно ярко. В первом случае цель говорящего – узнать, когда проходило строительство МГУ, и поэтому предпочтителен глагол НСВ, во втором – когда завершилось строительство МГУ, и поэтому предпочтителен глагол СВ.

На выбор вида может влиять точка зрения говорящего на связь действия с моментом речи. В предложении «Он **называл** свою фамилию, но я забыл её» глагол НСВ выражает полную отнесённость данного факта к прошлому, а в предложении «Он **назвал** мне свою фамилию, а я записал её» глагол СВ указывает на связь действия, совершённого в прошлом, с моментом речи.

В примере «Преподаватель уже **объяснял** этот текст?» спрашивается: было или не было объяснение, в примере «Преподаватель уже **объяснил** этот текст?» говорящий как бы предполагает, что действие должно было совершиться, и теперь его интересует, осуществилось ли оно.

Упражнение 26. *Прочитайте предложения. Определите вид выделенных глаголов и объясните их употребление. Укажите, в каких примерах глаголы обозначают: 1) факт действия, связанный с понятием процесса; 2) факт действия, связанный с понятием результата, завершённости действия; 3) зависимость вида от связи действия с моментом речи.*

1. Известный русский художник В.М. Васнецов **писал** свои картины на сюжеты русских сказок, легенд, былин. 2. В.М. Васнецов **написал** картину «Богатыри», на которой он изобразил трёх русских воинов, народных героев, защитников Руси. 3. Кремль, который сейчас украшает Москву, **строили** в тяжёлых условиях татаро-монгольского ига и окончательно **построили** лишь в 1516 году. 4. Миклухо-Маклай, русский учёный и путешественник, **выступал** в защиту прав колониальных народов. 5. В 1885 году Миклухо-Маклай **выступил** с протестом против захвата северо-востока Новой Гвинеи Германией. 6. Мы **вызывали** врача на прошлой неделе. 7. Мы **вызвали** врача, он придёт во второй половине дня. 8. Ты **поступал** в университет в прошлом году? 9. Ты мечтал учиться на юридическом факультете. Ты **поступил** на юридический факультет?

Упражнение 27. *Прочитайте предложения. Определите, какое из них может быть ответом на данные вопросы.*

1. Марта звонила домой.   Марта позвонила домой.

    1) Почему Марта не пришла на занятия?

    2) Марта сообщила родителям о своём
       возвращении домой?

2. Он поступал в университет.   Он поступил в университет.

    1) Он студент университета?

    2) Почему он так много занимался?

3. Студенты сдавали экзамены.   Студенты сдали экзамены.

    1) У студентов продолжаются экзамены?

    2) В июне у студентов были экзамены?

4. Я принимал участие в студен-   Я принял участие
ческом спектакле.   в студенческом спектакле.

    1) У вас была роль в студенческом спектакле?

    2) Вы всё-таки согласились играть в студен-
ческом спектакле?

5. Они обсуждали доклад.   Они обсудили доклад.

    1) Есть решение по докладу?

    2) Что было на конференции?

6. Он собирал коллекцию марок.   Он собрал коллекцию марок.

    1) Чем он увлекался?

    2) Он может показать нам редкие марки?

7. Профессор отвечал на вопросы.   Профессор ответил на вопросы.

    1) Вы больше не сомневаетесь в своей
правоте?

    2) Что было после лекции?

8. Преподаватель проверял конт-   Преподаватель проверил
рольные работы.   контрольные работы.

    1) Студенты знают свои оценки за конт-
рольную работу?

    2) Преподаватель отдыхал после занятий?

9. Я встречал его в университете.   Я встретил его в университете.

    1) Вам знакомо лицо этого человека?

    2) Вы договорились с ним о консультации.

10. Я помогал ему.   Я помог ему.
   1) Вы отказали ему в его просьбе?
   2) Чем вы были заняты вечером?

Упражнение 28. *Скажите, какой вопрос следует использовать в данных ситуациях.*

1. Вы переводили эту статью?   Вы перевели эту статью?
   Вы хотите знать: 1) трудный ли был перевод,
                    2) готов ли перевод к печати.

2. Вы уже обедали?   Вы уже пообедали?
   Вы хотите: 1) пригласить кого-либо на обед,
              2) узнать, освободилось ли место
                 за столом.

3. Вы читали эту статью?   Вы прочитали эту статью?
   Вы хотите знать: 1) знаком ли собеседник со статьёй,
                    2) может ли он вернуть вам журнал.

4. Когда он писал свои произве-   Когда он написал свои произведения?   дения?
   Вы хотите знать: 1) когда произведения этого писателя
                       появились в печати,
                    2) в какую историческую эпоху работал
                       этот писатель.

5. Вы звонили родителям?   Вы позвонили родителям?
   Вы хотите знать: 1) был ли у вашего друга разговор
                       с родителями,
                    2) выполнил ли ваш друг своё намерение.

6. Когда строили этот храм?   Когда построили этот храм?
   Вы хотите знать: 1) в какую историческую эпоху было
                       строительство храма,
                    2) когда храм начал действовать.

7. Вы смотрели этот фильм? Вы посмотрели этот фильм?

Вы хотите знать: 1) мнение собеседника о фильме,

2) воспользовался ли ваш друг информацией о показе фильма.

8. Он помогал вам? Он помог вам?

Вы хотите знать: 1) выполнил ли он своё обещание,

2) работали ли вы самостоятельно.

9. Вас осматривал врач? Вас осмотрел врач?

Вы хотите знать: 1) поставил ли врач диагноз,

2) были ли вы у врача.

10. Кто готовил ужин? Кто приготовил ужин?

Вы хотите знать: 1) кого поблагодарить за ужин,

2) кто забыл посолить мясо.

Упражнение 29. *Дополните диалоги вопросами по образцу. Используйте слова из правой колонки. Укажите возможные варианты.*

О б р а з е ц : (120 языков; изучать—изучить)

– ... ? – Кто **изучил** 120 языков?

– Профессор Карло Тельявини. – Профессор Карло Тельявини.

– ... ? – Как он **изучал** эти языки?

– Он занимался систематически, так как это тяжёлый упорный труд. – Он занимался систематически, так как это тяжёлый упорный труд.

1. – ... ? (Храм Василия Блаженного;

– В честь победы над Казанью. строить—построить)

2. – ... ?

– Русские мастера Барма и Постник.

31

3. – ... ?
   – В Малом театре.

(Известный русский актёр Царёв;
играть—сыграть)

4. – ... ?
   – Роль Чацкого в спектакле
   «Горе от ума», Протасова в
   «Живом трупе» и другие роли.

5. – ... ?
   – Для Малого театра.

(Известный русский драматург
А.Островский; писать—написать)

6. – ... ?
   – Пьесы «Гроза», «Лес», «Бес-
   приданница» и др.

7. – ... ?
   – В 1935 году.

(Первая линия московского мет-
рополитена; строить—построить)

8. – ... ?
   – В течение трёх веков.

(Красная площадь; строить—
построить)

9. – ... ?
   – 30 лет.

(Картина «Явление Христа народу»; писать—написать)

10. – ... ?
    – Известный русский художник
    А.А.Иванов.

Упражнение 30. *Прочитайте текст.* **а)** *Найдите в нём глаголы в прошедшем времени, указывающие на: 1) процесс действия, 2) повторяемость действия, 3) факт действия, 4) результат действия;* **б)** *Перескажите текст.*

ГОРОД НА НЕВЕ

Санкт-Петербург основал русский царь Пётр Первый в 1703 году на
реке Неве. Пётр понимал, что нужно провести реформы в экономике и
культуре страны, найти выход к морю, установить с западными стра-

нами выгодные экономические отношения. Для этого государству нужна была новая столица.

В начале XVII века земля, по которой проходил торговый путь из Скандинавии в Византию, перешла к Швеции. Необходимо было вернуть эту исконно русскую землю для развития торговых и культурных связей с западными странами.

Осенью 1702 года русские войска взяли на реке Неве хорошо укреплённую крепость Орешек. Через год русские вышли к дельте Невы. Теперь можно было строить портовый город. На острове недалеко от моря в самом широком месте Невы заложили крепость, которую назвали Санкт-Петербург. Строили её быстро, чтобы шведы не смогли вернуть территорию, которую они потеряли. Крепость построили за полтора месяца. Париж и Лондон, Берлин и Вену, Рим, Москву строили веками. Петербург надо было построить за одно-два десятилетия.

Первыми жителями Петербурга были его строители. Однако тяжёлая жизнь и нездоровый климат убивали людей. Жизнь в городе была трудной. Продукты привозили нерегулярно. Часто бывали пожары. Знатные и богатые люди неохотно переезжали в новый город.

Но в 1710 году Пётр объявил Петербург столицей. Город быстро становился торговым портом страны и культурным центром.

В 1718 году вышел царский указ об ассамблеях, т.е. приёмах, собраниях, которые проходили в Летнем саду. Сюда приезжали богатые купцы, офицеры армии и флота, иностранные гости. Они танцевали, играли в шахматы и шашки, курили, пили вино и вели деловые беседы.

Старое Московское царство кончилось, началась Российская империя – сильное молодое европейское государство.

Упражнение 31. *Прочитайте текст;* **а)** *Определите вид выделенных глаголов и объясните их употребление;* **б)** *Ответьте на вопросы к тексту;* **в)** *Перескажите текст по данному плану.*

КРАСНАЯ ПЛОЩАДЬ

Красная площадь – главная площадь столицы. Это и исторический, и культурный, и политический центр не только Москвы, но и всей России.

Её архитектурный ансамбль **складывался** в течение веков. Сначала она называлась Пожаром, потому что на площади было много деревянных построек и они часто **горели**. На площади всегда царило оживление: здесь **гуляли, продавали** и **покупали.** Поэтому она вскоре превратилась в главный рынок города и **получила** название Торговой. И только в XVII веке её стали называть Красной, что раньше значило – красивая.

На Красной площади напротив Спасской башни Кремля находится прекрасный памятник русской архитектуры XVI века – Покровский собор (храм Василия Блаженного). Его **построили** по приказу Ивана Грозного в честь победы над Казанью. Его **строили** русские мастера Барма и Постник. Справа от Покровского собора стоит памятник Минину и Пожарскому, русским героям, которые в XVII веке **защищали** Москву от польско-литовских захватчиков. В Северной части площади находится здание Исторического музея, которое **построили** в 1875–1881 годах в русском стиле. В центре площади между Покровским собором и зданием музея – Лобное место, оно похоже на небольшую круглую сцену. В древности это было место для общения царя с народом: здесь нередко **собирались** москвичи: им **читали** царские указы, **объявляли** и **исполняли** приговоры.

Напротив Кремлёвской стены находится центральный московский магазин. Его **построили** в русском стиле в 1890–1893 годах по проекту архитектора Померанцева.

У Кремлёвской стены напротив ГУМа – Мавзолей В.И. Ленина – памятник современного зодчества. Его **построили** за короткое время по проекту архитектора Д.И. Щусева, который в советскую эпоху творчески **развивал** традиции русского зодчества XVII века, поэтому Мавзолей органично вписывается в архитектурный ансамбль Красной площади.

Красная площадь – свидетельница многих исторических событий. Несколько веков назад здесь **собирались** полчища татар, поляков и **осаждали** стены Кремля, а москвичи мужественно **защищали** свой город.

В октябре 1917 года революционные войска с боем **заняли** Кремль. С 1918 года здесь работало советское правительство.

В советский период на Красной площади **проходили** митинги и демонстрации трудящихся, военные парады. 24 июня 1945 года здесь состоялся Парад Победы.

На Красной площади **встречали** первых космонавтов – Юрия Гагарина, Германа Титова, Валентину Терешкову ...

На Красной площади всегда многолюдно. Здесь можно встретить людей разных национальностей и профессий. Каждый человек, который приезжает в Москву, хочет познакомиться с живой историей русского народа, своими глазами увидеть сердце России.

Вопросы

1. Почему главная площадь столицы сначала называлась Пожаром?
2. Какое название она получила потом и почему?
3. Когда и почему она получила название Красной?
4. Сколько времени создавали архитектурный ансамбль площади?
5. Когда построили Покровский собор? В честь чего? По приказу кого? Кто его строил?
6. Что вы знаете о Минине и Пожарском? Почему им поставили памятник?
7. Когда и в каком стиле построили здание Исторического музея?
8. Что такое Лобное место? Где оно находится? Какую роль оно играло в древности?
9. Какое здание находится около Кремлёвской стены? Когда его построили?
10. Кто такой Д.И. Щусев? Чем он известен?
11. Почему Красную площадь называют свидетельницей многих исторических событий?

План для пересказа текста

1. История названия главной площади Москвы.
2. Архитектурный ансамбль площади:
   а) Покровский собор;
   б) памятник Минину и Пожарскому;
   в) здание Исторического музея;

г) Лобное место;

д) Мавзолей.

3. Исторические события, происходившие на Красной площади:

а) в древности;

б) в советскую эпоху.

Упражнение 32 *(для контроля). Выберите из скобок глагол нужного вида и употребите его в прошедшем времени. Объясните свой выбор.*

1. Я напомнил поэту, что мы (встречаться—встретиться) с ним в Кишинёве в 1820 году. 2. Один альпинист (подниматься—подняться) на самый высокий небоскрёб. Он (подниматься—подняться) семь с половиной часов. 3. Он не раз (задавать—задать) себе вопрос о смысле жизни. 4. В.И. Даль всю свою жизнь (создавать—создать) «Толковый словарь великорусского языка». 5. А.П. Бородин, известный русский химик и композитор, (писать—написать) более 40 работ по химии. 6. Восстание декабристов (продолжаться—продолжиться) всего несколько часов. 7. В 1820 году будущие декабристы в Тайном обществе активно (обсуждать—обсудить) темы республики, временного революционного правительства. 8. Специальная комиссия пять месяцев (готовить—подготовить) материалы для суда над декабристами. 9. У меня был товарищ, мы (спорить—поспорить) всегда и обо всём. 10. Огонь может быть страшным и жестоким, но в древности он (согревать—согреть) человека, (защищать—защитить) его от диких зверей, (помогать—помочь) создавать орудия труда. 11. Астроном Моррис Джессуп долгое время (изучать—изучить) НЛО и в последние годы (писать—написать) книгу «Аргументы в пользу НЛО». 12. Его отец (принимать—принять) участие в Параде Победы на Красной площади. 13. Я уже (встречать—встретить) слово «призвание» в каком-то тексте, но забыл его значение. 14. Они (выполнять—выполнить) план за несколько месяцев. 15. В детстве он (изучать—изучить) французский язык, но сейчас плохо владеет им. 16. Братья Павел Михайлович и Сергей Михайлович Третьяковы долгие годы (собирать—собрать) картины, которые они подарили Москве. 17. Пётр Первый (вставать—встать) до рассвета, (читать—прочитать) журналы и газеты, а потом (осматривать—осмотреть) работы – строительство кораблей.

2. Употребление глаголов НСВ со значением состояния и глаголов СВ, обозначающих момент возникновения состояния

Глаголы типа *нравиться, любить, чувствовать, молчать* и т. п. обозначают неопределённо-длительное состояние и в большинстве своём не имеют соотносительного глагола СВ, являясь одновидовыми. От многих из них образуются глаголы СВ, обозначающие возникновение состояния (*понравиться, полюбить, почувствовать, замолчать* и т. п.), которые также являются одновидовыми. Между этими двумя группами глаголов имеются закономерные и регулярные семантические связи (состояние и возникновение состояния), которые объединяют два глагола разных видов.

Н С В	С В
Раньше ему **нравились** исторические романы, а теперь он увлекается современной литературой.	Сегодня студенты на занятии по литературе прочитали рассказ А.П. Чехова «Выигрышный билет». Рассказ им очень **понравился**.

Глаголы НСВ передают неопределённо-длительное состояние, не связанное с моментом речи и полностью отнесённое к прошлому. Глаголы СВ связаны с моментом возникновения (началом) состояния, сохраняющимся в момент речи.

П р и м е ч а н и е . Если в контексте имеются такие слова, как *впервые, первый раз, с первого взгляда, в тот момент* и т.п., указывающие на момент возникновения состояния в прошлом, то употребляются глаголы СВ. (Ср. В молодости она **любила** этого человека. Она **полюбила** его с первого взгляда.)

Упражнение 33. *Сравните данные предложения. Определите вид выделенных глаголов и объясните их употребление.*

1. На прошлой неделе он **болел** гриппом, поэтому не ходил на занятия.

Он простудился и **заболел**, поэтому теперь не ходит на занятия.

2. Поэт **любил** в нём человека с ясным умом и прекрасной душой.	Когда я лучше узнал этого человека, я **полюбил** его всей душой.
3. Внизу в долине **шумела** река.	Началась гроза, и лес **зашумел**.
4. Ребёнок плохо спал, **плакал** всю ночь.	Ребёнку стало холодно, и он **заплакал**.
5. Артисты прекрасно играли комедийные роли, и зрители дружно **смеялись**.	Клоун упал, и зрители **засмеялись**.
6. В молодости ей **нравился** балет.	Вчера она была в Большом театре на балете «Спартак». Балет ей очень **понравился**.
7. Всю дорогу он **думал** о семье.	Когда он встретил друга, **подумал,** что он очень изменился.
8. Он **знал**, что люди рано или поздно полетят в космос.	12 апреля 1961 года все люди **узнали**, что Юрий Гагарин полетел в космос.

Упражнение 34. *Закончите данные предложения по образцу, употребляя глаголы в прошедшем времени. Следите за употреблением видов глагола. Используйте слова для справок.*

О б р а з е ц : В группу пришёл новый студент. И все сразу ... .

В группу пришёл новый студент. И все сразу его полюбили.

1. В детстве он был слабым ребёнком, поэтому ... . 2. Ребёнок съел несколько порций мороженого и ... . 3. Раньше Виктор часто принимал снотворное, потому что плохо ... . 4. Антон принял снотворное и ... . 5. Анна включила радио и ... . 6. Мой дедушка включил телевизор на полную громкость, потому что ... . 7. Ребёнок был капризный и всегда ... . 8. Отец вернулся домой с работы, и дети ... . 9. Борис вышел на улицу и ... . 10. В детстве мой брат читал только детективы, потому что ... . 11. Вера смутилась и ... . 12. Он жил в этом городе, потому что ... .

38

13. Школьник получил плохую отметку за контрольную работу и ... . 14. Он прочитал роман Ф.М. Достоевского «Преступление и наказание», роман ... . 15. Она обиделась на подругу и ... .

С л о в а д л я с п р а в о к : видеть—увидеть, молчать—замолчать, плакать—заплакать, радоваться—обрадоваться, любить—полюбить, слышать—услышать, спать, заснуть, болеть—заболеть, нравиться—понравиться, сердиться—рассердиться.

Упражнение 35. *Ответьте на вопросы, употребляя глагольную пару* **нравиться—понравиться** *в прошедшем времени.*

1. Каким видом спорта вы интересовались в детстве?
2. Какие книги вы читали в детстве?
3. Какой музыкой вы увлекались в раньше?
4. Какие фильмы вы смотрели в детстве?
5. Каким предметом вы увлекались, когда учились в школе?
6. Какого учителя вы уважали больше других, когда учились в школе?
7. С кем вы дружили в школьные годы?
8. Вчера вы были в Большом театре. Какое впечатление произвёл на вас Большой театр?
9. В субботу вы ездили в музей-заповедник «Коломенское». Вам было интересно на этой экскурсии?
10. На прошлой неделе вы были в главном здании МГУ? Что вы думаете о Московском университете им. М.В. Ломоносова?
11. Вчера вы смотрели художественный фильм по повести А.С. Пушкина «Барышня-крестьянка». Какое мнение у вас об этом фильме?
12. В воскресенье вы были в цирке. Какое впечатление произвёл на вас цирк?
13. Недавно вы прочитали рассказ И.С. Тургенева «Первая любовь». Что вы думаете об этом рассказе?
14. В вашу группу пришёл новый студент. Какого мнения вы о нём?

Упражнение 36. *Прочитайте рассказ. Определите вид выделенных глаголов и объясните их употребление. Перескажите текст.*

ВОРОБЕЙ

Я возвращался с охоты. Собака бежала впереди меня.

Вдруг она уменьшила свои шаги, видимо, что-то **почувствовала**. Я посмотрел вдоль аллеи и **увидел** молодого воробья, который упал из гнезда и сидел неподвижно, беспомощно растопырив едва появившиеся крылышки.

Моя собака медленно приближалась к нему, как вдруг перед самой её мордой с близкого дерева камнем упал воробей, жалкий и испуганный, но он бесстрашно два раза прыгнул навстречу страшной пасти моей собаки.

Он бросился спасать, он закрывал собой своё дитя. Он **дрожал** от ужаса, голос его охрип, он **замирал**, он жертвовал собой.

Каким громадным чудовищем ему **казалась** моя собака! И всё-таки он не мог остаться на своей высокой и безопасной ветке ... Сила сильнее его воли сбросила его оттуда.

Мой Трезор остановился ... Видимо, и он понял. Я поспешил позвать свою собаку. Я **благоговел** перед этой маленькой героической птицей.

Только любовью держится и движется жизнь.

(По рассказу И.С. Тургенева)

Н С В	С В
1. Он открыл книгу и **начал (стал) читать.**	
2. Они **стали жить** дружно и счастливо.	
3. Он понял весь ужас своего положения и **стал кричать**, звать на помощь.	4. Собака бежала прямо на него, и он **закричал** от страха.

Комментарий

В отличие от глаголов со значением состояния у других глаголов для передачи значения начинательности употребляются глаголы *начать* и *стать* с инфинитивом глагола НСВ (пример 1). Такая же конструкция характерна и для глаголов состояния, если у них отсутствует соотносительный глагол СВ (пример 2).

Глаголы состояния значение начинательности могут передавать как с помощью приставки (**закричал**), так и с помощью глаголов **начать, стать + инфинитив НСВ** (**стал кричать**). Глаголы СВ указывают на моментальное, непроизвольное действие (пример 4), а инфинитивная конструкция – на действие, происходящее по воле лица, повторяющееся или длительное действие (пример 3).

Упражнение 37. *Прочитайте предложения. Определите вид выделенных глаголов и объясните их употребление.*

1. Он включил телевизор и **увидел** на экране нового диктора. 2. Он включил телевизор и **стал смотреть** спортивную передачу. 3. После операции мой брат **стал видеть**. 4. У ребёнка взяли любимую игрушку, и он **заплакал**. 5. Ребёнок увидел на витрине интересную игрушку и **стал плакать**, просить, чтобы родители купили её. 6. Я включил радио и **услышал** чей-то знакомый приятный голос. 7. Я включил радио и **стал слушать** последние новости. 8. Преподаватель взял мел и **начал писать** на доске примеры. 9. Он испугался, потому что ему **показалось**, что кто-то идёт за ним в темноте. 10. Он потерял сознание, и ему **стало казаться,** что он куда-то летит.

Упражнение 38. *Закончите данные предложения, используя глаголы* **начать, стать** *в сочетании с инфинитивом НСВ или глаголы СВ, а также слова для справок. Укажите возможные варианты.*

1. Художник взял карандаш и ... . 2. Пианист сел за рояль и ... . 3. Он простудился и поэтому ... . 4. Она поняла шутку и ... . 5. Он понял, что ему сказали неправду, и ... . 6. Раньше он плохо слышал, но после лечения он ... . 7. После гибели своих близких ... . 8. Мы вошли в лес и ... . 9. Он побежал, потому что ... . 10. Артист вышел на сцену и ... . 11. Он очень устал, лёг на диван и ... . 12. Врач вымыл руки и ... . 13. Она сняла трубку и ... . 14. Он открыл журнал и на первой странице ... .

С л о в а д л я с п р а в о к: осматривать—осмотреть, рисовать—нарисовать, болеть—заболеть, спать, заснуть, смеяться—засмеяться, сердиться—рассердиться, играть—сыграть, петь—спеть, слышать—услышать, бояться—испугаться, видеть—увидеть, говорить—сказать, читать—прочитать.

Упражнение 39. *Прочитайте сказку. Определите вид выделенных глаголов и объясните их употребление. Перескажите сказку.*

ЖУРАВЛЬ И ЦАПЛЯ

Журавль и Цапля построили себе дома на разных концах болота. Журавлю **стало** скучно **жить** одному, и решил он жениться на Цапле.

Пришёл Журавль к Цапле и говорит:

– Выходи за меня замуж.

– Нет, Журавль, – отвечает ему Цапля. Ноги у тебя длинные, а платье короткое! Бедно живёшь! Уходи!

Ушёл Журавль, а Цапля **стала думать**: «Скучно жить одной, лучше выйду замуж за журавля».

Пошла она к Журавлю. Приходит и говорит:

– Журавль, я передумала, женись на мне.

– Нет, Цапля, не хочу на тебе жениться. Уходи!

Заплакала Цапля от стыда и пошла домой. А Журавль остался один и **подумал**: «Напрасно я не женился на Цапле, скучно жить одному. Пойду к ней, скажу, что передумал, и женюсь на ней».

Пришёл он к Цапле и говорит:

– Цапля, я передумал, решил жениться на тебе. Выходи за меня замуж!

– Нет, не выйду за тебя замуж!

Пошёл Журавль домой, а Цапля **стала думать**: «Зачем я не согласилась! Одной жить невесело, лучше выйду замуж за Журавля».

Пришла она к Журавлю, а он опять не хочет на ней жениться. Так и ходят они друг к другу и не женятся.

Упражнение 40. *Прочитайте сказку. Определите вид выделенных глаголов и объясните их употребление. Перескажите сказку.*

СКАЗКА ПРО ЛУННЫЙ СВЕТ

Жил доктор. Он был очень старый и носил очки, потому что плохо **видел**.

У доктора жил котёнок. Он был совсем маленький и весь чёрный.

Доктор целый день лечил детей, а котёнок целый день играл.

Однажды вечером доктор сидел за столом и читал газету. А на столе стояла лампа.

Котёнок лежал на полу и ловил свой хвост. Вдруг в окно влетел ветер, потому что доктор **любил** свежий воздух и окно было открыто. Газета **зашевелилась** и **зашуршала**. Котёнок прыгнул на стол и бросился на газету, потому что **подумал**, что это мышка. По дороге он уронил лампу. Лампа упала со стола и разбилась.

– Что это? – спросил доктор, потому что стало темно.

А котёнок **увидел**, что он сделал, и убежал из дома. Бежал он бежал и прибежал к горе. Поднялся на гору, а на горе стояла Луна. Котёнок прыгнул на Луну. Очень долго он сидел на Луне, и ему стало грустно и **захотелось** вернуться домой к старому доктору.

Но пока он сидел и **грустил**, Луна поднялась высоко в небо. И везде стояла тёмная ночь, но на Луне было светло, потому что было много лунного света. И котёнок **зажмурился**, потому что **захотел** спать.

Он **спал** долго и не заметил, как Луна обошла вокруг всей Земли. А потом котёнок проснулся, потому что Луна стукнулась о гору.

Котёнок упал с Луны на гору и **увидел**, что это была та самая гора. Он спустился с горы и побежал домой. Дверь была открыта, в комнате за столом сидел доктор, но не читал, потому что не умел читать в темноте.

Доктор **увидел** котёнка и сказал: – Что это? – потому что в комнате стало светло. А это **светился** котёнок.

Доктор взял щётку и почистил котёнка, весь лунный свет упал на газету. Доктор собрал лунный свет в стакан и поставил стакан на стол и **начал читать** газету. А котёнок лёг на пол и **стал ловить** свой хвост.

(По сказке Н. Гернет)

Упражнение 41 *(для контроля). Выберите из скобок глагол нужного вида и употребите его в прошедшем времени. Объясните свой выбор.*

1. Погода была ужасная, (дуть—подуть) северный ветер, (падать—упасть) мокрый снег хлопьями. 2. Вдруг появился император на коне. Толпа (шуметь—зашуметь). 3. В молодости он (любить—полюбить) беседовать с бедными людьми. 4. Я наклонился и поднял розу. Два часа

назад я (видеть—увидеть) эту самую розу у неё в руках. 5. Женщина обернулась, и я (видеть—увидеть) светлые лучистые глаза на живом подвижном лице. 6. По мягким волнам плыла наша лодка, и я (видеть— увидеть) кругом безбрежное лазурное море , а над головой – безбреж- ное лазурное небо. 7. – Собака у меня умерла. – А ты (любить— полюбить) её? 8. Я лёг на диван и скоро (дремать—задремать). 9. В те- чение мая часто (дуть—подуть) восточные ветры. 10. Розенберг зашёл в мой гостиничный номер, и я искренно (радоваться—обрадоваться) ему. 11. В субботу я впервые слушал оперу «Князь Игорь». Опера мне очень (нравиться—понравиться). 12. Наталья Сац, основатель первого дет- ского музыкального театра, получила признание не только в России. Вскоре о ней (говорить—заговорить) за границей.

3. Употребление глаголов НСВ, допускающих представление об аннулированности результата в момент речи

Значение аннулированности результата характерно для глаго- лов НСВ, допускающих представление о действии, состоящем как бы из двух актов (движении туда и обратно). К ним относятся глаголы типа: 1) *приходить, уходить, заходить, входить* и т. п.; 2) *ложиться, садиться, вставать* и т. п.; 3) *открывать, вклю- чать, надевать, снимать, оставлять, давать, брать* и т. п.

Н С В	С В
1. Когда Андрей **уезжал**, его про- вожали друзья. Когда Виктор **открывал** окно, он разбил стекло.	
2. Каждый раз, когда он **уезжал** на родину, его провожали друзья.	
3. Утром врач **приходил** к больно- му, осмотрел его и уехал в поли- клинику.	4. Врач **пришёл** к больному и сей- час осматривает его.

В перерыв студенты **открывали** окно, но в аудитории опять душно.	Кто **открыл** окно? В аудитории слишком холодно.
Утром Антона не было дома, он **уходил** на занятия.	Антона нет дома: он **ушёл** на занятия.
Анна **брала** этот роман в библиотеке, прочитала и вернула его.	Анна **взяла** этот роман в библиотеке и теперь читает его.

Комментарий

В первом примере глаголы НСВ (**уезжал, открывал**) указывают на процесс действия; во втором – на многократность действия; в третьем – на аннулированность результата в момент речи (врач приходил к больному – был у больного, но потом ушёл и в момент речи находится в другом месте); в четвёртом примере глаголы СВ указывают на сохранение результата в момент речи (врач пришёл к больному – в момент речи он у больного).

В связи с тем что глаголы движения с приставками **у-, вы-, от-** являются антонимами глаголов с приставками **при-, за-, в-, под-**, в НСВ и СВ они приобретают противоположное значение по сравнению со своими антонимами (уходил с урока – не был на уроке, но сейчас вернулся и снова на уроке; ушёл с урока – сейчас его нет на уроке, он в другом месте).

П р и м е ч а н и е . Сохранение результата действия может относиться не к моменту речи, а какому-либо другому моменту, указанному в предложении. В таком случае может употребляться глагол СВ, например: *3 января 1709 года после победы над Полтавой Пётр торжественно* **въехал** *в Москву.*

Упражнение 42. *Прочитайте предложения. Определите вид выделенных глаголов и объясните их употребление.*

1. Вчера ко мне **приехали** родители. Они будут жить у меня месяц. 2. В прошлом году ко мне **приезжали** родители. Они жили у меня месяц. 3. Утром почтальон **принёс** нам свежие газеты. 4. На урок географии преподаватель **приносил** карту России. 5. Во время каникул мой друг **уезжал** на родину. 6. Мой друг окончил университет и **уехал** на

родину. 7. Когда Виктор **уходил** в университет, он закрыл окно. 8. Когда Виктор **ушёл** в университет, его сестра убрала квартиру. 9. Когда Антон учился в университете, он **брал** книги в библиотеке. 10. Нина **взяла** словарь в библиотеке. 11. Когда он **ложился** спать, он забыл выключить свет на кухне. 12. Вчера она **надевала** новое платье, потому что ходила в театр. 13. Когда Борис работал на заводе, он **вставал** очень рано. 14. Он **надел** спортивный костюм для занятия спортом.

Упражнение 43. *Прочитайте предложения. Скажите, где в момент речи находится лицо или предмет, названный в предложении. Используйте образец.*

О б р а з е ц : Студент принёс словарь на урок. Словарь на уроке.

Студент приносил словарь на урок. Словарь в библиотеке или дома.

1. Студенты пришли на занятия. 2. Студенты приходили на занятия. 3. Преподаватель вошёл в аудиторию. 4. Во время занятий в аудиторию входил инспектор: проверял посещаемость студентов. 5. Утром я заходил к другу. 6. Я зашёл к другу. 7. Во время каникул студенты уезжали в Петербург на экскурсию. 8. Антон уехал на Байкал на практику. 9. Преподаватель вышел из аудитории, чтобы позвонить. 10. Преподаватель выходил из аудитории, чтобы позвонить. 11. Я оставил свой чемодан в камере хранения. 12. Я оставлял свой чемодан в камере хранения. 13. Автомобиль остановился около банка. 14. Закончились занятия, и студенты ушли домой. 15. Виктор давал Антону журнал «Юность». 16. Преподаватель дал студентам новые тексты для перевода. 17. Борис давал Анне кассету с новым видеофильмом. 18. Делегация врачей остановилась в гостинице «Москва». 19. Больной вставал, чтобы принять лекарство. 20. Вера положила книги в стол.

Упражнение 44. *В данных ситуациях составьте вопросы с вопросительными словами* **кто** *или* **куда**. *Следите за употреблением видов глагола. Используйте образец и слова для справок.*

О б р а з е ц : В зале темно. – Кто **выключил** свет?

Телевизор не работает. – Кто **включал** телевизор и сломал его?

1. Уже светло, а в комнате горит свет. 2. Ваш словарь лежит в другом месте. 3. Антона в августе не было в Москве. 4. Телевизор работает, но никто не смотрит передачу. 5. Анна вернулась в Москву. 6. Вчера у Виктора были гости. 7. Вчера вечером Виктора не было дома. 8. В руках у ребёнка вы видите нож. 9. В коридоре на окне лежат чьи-то очки. 10. У Марты сейчас гости. 11. Географической карты нет на стене в аудитории. 12. Географическая карта висит на другой стене.

С л о в а   д л я   с п р а в о к : давать—дать, оставлять—оставить, включать—включить, брать—взять, снимать—снять, приходить—прийти, уезжать—уехать.

Упражнение 45. *Замените данные предложения синонимичными по образцу. Используйте слова для справок.*

О б р а з е ц : Во время перерыва студентов не было в аудитории, они
        завтракали.
        Во время перерыва студенты **уходили** завтракать.

1. В прошлом году я ездил в Сочи и жил там в гостинице «Приморская». 2. Сейчас спортсмены из Японии живут в гостинице «Националь». 3. Директора нет в кабинете, он обедает. 4. Врач два часа не принимал пациентов, он был у больного. 5. Администратор сейчас занят, у него посетитель. 6. На вечере Анна была в очень красивом платье. 7. Врач сейчас у больного. 8. В субботу в музее было много посетителей. 9. Анны нет дома, она в библиотеке. 10. Он забыл зонт в автобусе. 11. Следователь осматривает место происшествия. 12. Книга, которую читает Виктор, из библиотеки.

С л о в а   д л я   с п р а в о к : оставлять—оставить, брать—взять, останавливаться—остановиться, уезжать—уехать, приходить—прийти, уходить—уйти, надевать—надеть.

Упражнение 46. *Прочитайте сказку, определите вид выделенных глаголов и объясните их употребление. Перескажите сказку.*

ТРИ МЕДВЕДЯ

Одна девочка **ушла** из дома в лес и заблудилась, стала искать дорогу домой и вдруг увидела домик. Дверь была открыта, и она **вошла**.

В этом домике жили три медведя: папа, мама и сын. Но в это время они **ушли** в лес.

В домике было две комнаты: столовая и спальня. Девочка **вошла** в столовую и увидела на столе три чашки: очень большую, среднюю и совсем маленькую. Около каждой чашки лежали ложки: большая, средняя и маленькая. Около стола стояли три стула: большой, средний и маленький.

Девочка **села** на большой стул, **взяла** ложку и стала есть из большой чашки. Но это было очень неудобно.

Тогда она **села** на средний стул, **взяла** среднюю ложку и стала есть из средней чашки. Но это тоже было неудобно.

Тогда она **села** на маленький стул, **взяла** маленькую ложку и стала есть из маленькой чашки и съела весь суп.

Потом она **вошла** в другую комнату. Там стояли три кровати: большая, средняя и маленькая.

Сначала девочка **легла** на большую кровать. Но там было неудобно.

Тогда она **легла** на среднюю кровать, но там тоже было неудобно.

Тогда девочка **легла** на маленькую кровать и вскоре заснула.

В это время медведи вернулись домой. Они очень хотели есть. Большой медведь **подошёл** к столу и сказал: «Кто **садился** на мой стул? Кто **брал** мою ложку? Кто ел мой суп?»

Медведица-мама тоже подошла к столу и сказала: «Кто **садился** на мой стул? Кто **брал** мою ложку? Кто ел мой суп?»

Медвежонок тоже подошёл к столу и сказал: «Кто **садился** на мой маленький стульчик? Кто **брал** мою маленькую ложку? Кто съел мой суп?»

После обеда медведи пошли в другую комнату. Большой медведь **подошёл** к своей постели и сказал: «Кто **ложился** на мою постель и помял её?»

Медведица тоже **подошла** к своей постели и сказала: «Кто **ложился** на мою постель и помял её?»

Медвежонок хотел лечь в свою постель и вдруг увидел там девочку и закричал: «Кто **лёг** в мою постель?»

Девочка проснулась от крика, **встала** с постели и **убежала**.

Н С В	С В	
Туристы **ехали** до Клина **два часа**.	Туристы **доехали** до Клина **за два часа**.	Туристы **приехали** в Клин **на два часа**.
Сколько времени туристы **ехали** до Клина?	**За сколько времени** туристы **доехали** до Клина?	**На сколько времени** туристы **приехали** в Клин?

Комментарий

Бесприставочные глаголы движения могут употребляться в сочетании с временной конструкцией **сколько времени**, так как являются глаголами НСВ; глаголы движения СВ с приставками **до-, про-, об-, пере-** – с конструкцией **за сколько времени**, указывающей на время, затраченное на достижение цели пути; глаголы движения СВ с приставками **при-, за-, в-, у-, вы-, по-, от-**, а также другие глаголы, допускающие представление о движении в обратном направлении, – с конструкцией **на сколько времени**, обозначающей срок завершения действия в будущем.

П р и м е ч а н и е . С конструкцией **за сколько времени**, как указывалось выше, употребляются глаголы СВ, если действие не повторяется. С конструкцией **на сколько времени** могут употребляться глаголы как СВ, так и НСВ, ибо видовое значение (аннулированность и сохранение результата действия к моменту речи) более актуально, чем временной фактор. Выбор вида в подобном случае может зависеть от контекста, ситуации или коммуникативной цели высказывания. (Ср. *Он* **приехал** *в Москву* **на два дня** *и сейчас осматривает город. В прошлом году он* **приезжал** *в Москву* **на два дня,** *но ничего не успел посмотреть.*)

Упражнение 47. *Прочитайте предложения. Объясните употребление временных конструкций.*

1. Антон ехал от Москвы до Петербурга 10 часов. Он доехал до Петербурга за 5 часов. Он приехал в Петербург на 5 дней. 2. Анна приехала в город на три дня. Она ходила по городу три часа. Она обошла весь город за три часа. 3. Троллейбус шёл до центра 30 минут. Борис доехал до центра за 30 минут. Он зашёл в библиотеку на 30 минут. 4. Спортсмены бежали 20 минут. Один спортсмен пробежал дистанцию за 15 минут. Спортсмен пошёл на стадион на тренировку на час. 5. Николай

пошёл в бассейн на два часа, там будут проходить соревнования. Он проплыл дистанцию за две минуты. После соревнований он плавал в бассейне ещё 20 минут. 6. Олег поехал на выставку на час. Он ушёл из дома на час. Он ходил по выставке час. Он обошёл всю выставку за час. 7. Виктор взял в библиотеке учебник на год. 8. Мой друг дал мне словарь на два дня. 9. Мы открыли окно на 15 минут. 10. Его положили в больницу на месяц.

Упражнение 48. *Дополните данные предложения временными конструкциями* **сколько времени, за сколько времени, на сколько времени.**

1. Туристы пошли в горы ... . 2. Туристы шли ... . 3. Туристы прошли весь путь ... . 4. Спортсмен проплыл 500 метров ... . 5. Он доплыл до острова ... . 6. Лодка плыла до берега ... . 7. Самолёт летел до Новосибирска ... . 8. Вертолёт долетел до посёлка ... . 9. Нина прилетела в Киев ... . 10. Он обошёл весь музей ... . 11. Спутник облетел Землю ... . 12. Я зашёл к другу ... . 13. Я включил телевизор ... . 14. Больной встал ... , чтобы принять лекарство. 15. Он взял журнал в библиотеке ... . 16. Мой друг дал мне свой фотоаппарат ... .

Упражнение 49. *Дополните данные предложения глаголами нужного вида. Используйте слова для справок.*

1. Первый космонавт Юрий Гагарин ... Землю за 108 минут. 2. Врача нет в кабинете, он ... на несколько минут. 3. Я ... к тебе ненадолго, но по важному делу. 4. Лыжник ... дистанцию за 15 минут. 5. Хуан ... в Россию на шесть лет. 6. Виктор ... на трамвае 10 минут. 7. Виктор ... до университета за 10 минут. 8. Антон ... реку за 15 минут. 9. Отец ... на час, чтобы немного отдохнуть. 10. Инженер ... в командировку на 3 месяца. 11. Я ... радио на 10 минут, чтобы послушать последние известия. 12. Мы ... парк за полтора часа. 13. Мы ... вещи из старой квартиры на новую целый день. 14. Сосед ... мне журнал на вечер. 15. Катер ... в море на 4 часа. 16. Мы ... до станции метро за 5 минут.

С л о в а   д л я   с п р а в о к: облетать—облететь, доходить—дойти, выходить—выйти, давать—дать, заходить—зайти, проходить—пройти, приезжать—приехать, перевозить—перевезти, ехать, переплывать—переплыть, ложиться—лечь, уезжать—уехать, включать—включить, обходить—обойти.

Упражнение 50. *Расскажите, как прошёл какой-нибудь один день в вашей жизни по образцу, используя временные конструкции* **сколько времени, за сколько времени, на сколько времени** *и глаголы движения.*

О б р а з е ц : Вчера я встал в 8 часов. Принял душ, оделся и позавтракал. Во время завтрака я включил радио на 5 минут, чтобы узнать прогноз погоды. В 9 часов я вышел из дома. Я ушёл из дома на 6 часов. Я дошёл до остановки автобуса за 10 минут. Потом я ехал на автобусе 45 минут и повторял домашнее задание. Я приехал в институт без 15 (пятнадцати) десять. Перед занятиями я зашёл в библиотеку на несколько минут и взял словарь на урок, потому что забыл свой ... и т.д.

Упражнение 51. *Составьте маленькие рассказы, используя временные конструкции, данные в упражнении 48, на следующие темы: 1) экскурсия в какой-либо город; 2) экскурсия на выставку; 3) спортивное соревнование; 4) поход за город; 4) возвращение на родину; 5) поездка за границу; 6) путешествие на пароходе; 7) полёт на самолёте.*

Упражнение 52 (*для контроля*). *Выберите из скобок глагол нужного вида и употребите его в прошедшем времени. Объясните свой выбор.*

1. Был уже вечер, поезд (подходить—подойти) к станции, где мы должны были выйти. 2. Каждый раз, когда дед (уходить—уйти) из дома, бабушка устраивала в кухне интереснейшие собрания. 3. По большим праздникам цари (приезжать—приехать) в Москву в Кремль. 4. (Проходить—пройти) годы один за другим, а в моей жизни ничего не менялось. 5. Мы (доезжать—доехать) до гостиницы за 20 минут. 6. В прошлом месяце Антона не было в городе, он (уезжать—уехать) на Урал. 7. Он (обходить—обойти) озеро за 40 минут. 8. Когда Виктор (уходить—уйти), вдруг зазвонил телефон. 9. Утром инженера не было на стройке, он (уезжал—уехал) в министерство. 10. Инженер ждёт вас, он (приезжать—приехать) из министерства 25 минут назад. 11. Профессор (входить—войти) в аудиторию, и лекция началась. 12. – Почему телевизор не работает? Кто (включать—включить) его? 13. – Почему в аудитории холодно? Кто (открывать—открыть) окно? 14. Я (заходить—зайти) к вам на несколько минут, я не займу у вас много времени.

УПОТРЕБЛЕНИЕ ГЛАГОЛОВ НСВ И СВ В ПРОШЕДШЕМ ВРЕМЕНИ С ОТРИЦАНИЕМ

Н С В	С В
Хуан **не переводил** текст, потому что преподаватель не задавал перевода.	Хуан **не перевёл** текст, потому что в нём слишком много новых слов.
– Антон ездил на экскурсию? – Нет, **не ездил.**	– Антон ездил на экскурсию? – Нет, он собирался поехать, но **не поехал,** потому что заболел.

Глаголы НСВ в прошедшем времени с отрицанием могут указывать на отсутствие действия, глаголы СВ – на отсутствие результата действия. Если же действие, о котором идёт речь в предложении, даже не начиналось, но предполагалось его осуществление, может употребляться глагол СВ.

П р и м е ч а н и е . Если в предложении употребляются слова, указывающие на повторяемость действия, то следует использовать глагол НСВ (*Как обычно во время обеда он* **не говорил** *ни слова*) и глагол СВ, если в предложении – временная конструкция *за сколько времени* (*За время обеда он* **не сказал** *ни слова*).

Упражнение 53. *Прочитайте предложения. Определите вид выделенных глаголов и объясните их употребление.*

1. Вчера вечером я **не писал** сочинение, а повторял новые слова. 2. Я **не написал** сочинение, потому что у меня было мало времени. 3. Я собирался написать сочинение, но **не написал,** мне ещё нужно проконсультироваться с преподавателем. 4. К сожалению, я **не читал** произведения этого писателя. 5. Я **не прочитал** этот роман, потому что не успел. 6. Вчера он никому **не звонил**, потому что у него не работал телефон. 7. Извини, я **не позвонил** тебе вчера, потому что совсем забыл об этом. 8. В прошлом году мой брат **не поступал** в университет, потому что не был готов к этому. 9. Мой брат плохо сдал экзамены и **не поступил** в университет.

Упражнение 54. *Дайте отрицательные ответы на вопросы и обоснуйте их, используя образец.*

О б р а з е ц : – Ты отдыхал во время каникул?

– Нет, **не отдыхал**, я готовился к поступлению в институт.

1. Вы сдавали экзамены в мае? 2. Он готовился к олимпиаде в августе? 3. Вы готовили утром завтрак? 4. Вы смотрели вечером телевизор? 5. Она танцевала на вечере? 6. Вы сегодня уже обедали? 7. Вы уже собрались в дорогу? 8. Больной вставал с постели? 9. Врач приходил к вам? 10. Вам мешали дети заниматься?

Упражнение 55. *Используя глаголы НСВ, дайте отрицательные ответы на вопросы по образцу.*

О б р а з е ц : – Это вы сломали магнитофон?

– Нет, я не ломал.

1. Это вы выключили свет? 2. Это вы взяли мой словарь? 3. Это вы разбили окно в аудитории? 4. Это вы бросили бумагу на пол? 5. Это вы открыли окно? 6. Это вы потеряли ключ от аудитории? 7. Это вы опоздали на лекцию? 8. Это вы обманули друга? 9. Это вы сказали неправду? 10. Это вы курили в аудитории?

Упражнение 56. *Дайте отрицательные ответы на вопросы, сообщите, что действие совершалось, но не достигло результата, и обоснуйте ответ. Используйте образец.*

О б р а з е ц : – Вы решили задачу?

– Я решал, но не решил её, потому что она очень сложная.

1. Ваш друг поступил в медицинский институт? 2. Вы подготовились к выступлению? 3. Вы выучили стихотворение? 4. Виктор нашёл свой словарь? 5. Вы дозвонились другу? 6. Вы перевели этот рассказ на русский язык? 7. Вы починили магнитофон?. 8. Виктор сдал экзамен по литературе? 9. Он подготовился к экзамену? 10. Вы научили друга плавать?

Упражнение 57. *Дайте отрицательные ответы на вопросы, сообщите, что было намерение совершить действие, но оно не осуществилось, и объясните почему. Используйте образец.*

О б р а з е ц : – Вы ездили на экскурсию в Суздаль?

– Я собирался (хотел, намеревался) поехать, но не поехал, потому что заболел.

1. Вы ответили ему на письмо? 2. Вы поздравили её с днём рождения? 3. Вы поздоровались с ним? 4. Вы помогли ей? 5. Вы спросили преподавателя, когда будет экскурсия в Кремль? 6. Вы попрощались с ним перед отъездом? 7. Вы побывали в Историческом музее? 8. Вы купили сегодняшнюю газету? 9. Вы ходили в Третьяковскую галерею? 10. Вы вернули другу журнал, который брали у него?

Упражнение 58. *Дополните данные предложения контекстом, аргументируйте употребление видов глаголов. Используйте образец.*

О б р а з е ц : Он не получал посылку. *Он не получал посылку, потому что не ездил на почту.*

Он не получил посылку. *Он не получил посылку, потому что опоздал, почта была уже закрыта.*

1. Олег не изучал французский язык. 2. Он так и не изучил немецкий язык в совершенстве. 3. Я не звонил другу. 4. Я не позвонил другу. 5. Я не дозвонился другу. 6. Виктор не получал писем от Бориса. 7. Сегодня Мария не пошла на занятия в институт. 8. Утром я не слушал новости по радио. 9. Я ещё не купил новый учебник по русскому языку. 10. Вчера я не покупал газету. 11. Он ещё не прочитал роман Ф.М.Достоевского «Преступление и наказание». 12. Во время перерыва студенты не закрывали аудиторию.

Упражнение 59. *Прочитайте текст. Найдите глаголы в прошедшем времени с отрицанием, определите вид глаголов и объясните их употребление.*

ТЕКСТ

Стоят на территории Кремля два произведения литейного искусства: царь-пушка, которая никогда не стреляла, и царь-колокол, который никогда не звонил. Какова же история этого колокола?

Императрица Анна Иоановна решила отлить самый большой колокол. Она послала в Европу человека, который должен был найти мастера, чтобы выполнить её волю. Но не нашли там такого мастера.

И тогда два русских мастера решили отлить такой колокол. Три года они готовились к этой работе. Наконец колокол был готов. В это время произошёл в Кремле пожар. Горело всё вокруг: гибли кремлёвские постройки. Колокол не сгорел, но от высокой температуры треснул, и от него откололся кусок весом 11 тонн. Долго пролежал колокол в земле, пока его не достали из ямы и не поставили в Кремле.

Упражнение 60. *Используя глаголы НСВ и СВ в прошедшем времени с отрицанием, расскажите, как прошёл какой-нибудь один день в вашей жизни. Скажите: 1) чем вы не занимались в этот день; 2) что вы не смогли сделать; 3) что вы собирались сделать, но не делали или не сделали, и объясните причину.*

Упражнение 61. *Прочитайте рассказ.* **а)** *Определите вид выделенных глаголов и объясните их употребление;* **б)** *определите, в каких предложениях говорится об отсутствии действия и в каких – об отсутствии результата действия;* **в)** *укажите, в каких предложениях возможно употребление глаголов обоих видов;* **г)** *перескажите текст.*

БЕДНЫЙ ФЕДЯ

В одном детском доме находился мальчик, которого звали Федя. Он уже три дня пробыл в этом доме, но ни с кем из детей **не сдружился**. И даже ни с кем **не хотел** разговаривать.

Это был очень грустный и скучный мальчик. За три дня он ни разу **не улыбнулся** и **не выразил** желания поиграть с ребятами. Он тихонько сидел на скамейке и о чём-то думал.

На четвёртый день воспитательница дала ему книжку и сказала:

– Прочитай вслух несколько строчек. Я хочу узнать, как ты читаешь, чтобы знать, в какой класс тебя записать.

Федя покраснел и сказал:

– Я не умею читать.

И тогда все дети с удивлением посмотрели на него, а некоторые даже засмеялись, потому что мальчику было 9 лет, а он **не умел** читать.

— Как же так случилось, что ты не умеешь читать? – спросила воспитательница.

Федя сказал:

— Я с мамой был в плену в Германии. Там мы работали на заводе и **меня не учили** читать.

Воспитательница спросила:

— А где теперь твоя мама?

— Она умерла в Германии печально сказал Федя.

Все дети перестали смеяться. А воспитательница сказала:

— Мы научим тебя читать и будем любить, как родного.

Но Федя по-прежнему **не разговаривал** и **не играл** с детьми и сидел на скамейке скучный и бледный.

Тогда воспитательница решила отвести его к врачу. Она сказала врачу:

— Будьте добры, дайте этому мальчику лекарство, чтобы он стал весёлый и здоровый, чтобы он стал играть с ребятами, а **не сидел** молча на скамейке.

Врач сказал:

— Нет у нас такого лекарства. Но есть одно хорошее средство, чтобы он стал здоровым и весёлым. Это средство – смех.

И вот все дети, когда узнали об этом, стали развлекать и смешить Федю. Они нарочно падали перед ним, чтобы он засмеялся. Мяукали. Прыгали и ходили на руках. Но Федя **не смеялся**. И даже улыбка **не появилась** на его лице.

И тогда дети стали придумывать особенные номера, чтобы рассмешить Федю. Один мальчик взял палку и ударил этой палкой себя по лбу. Все дети засмеялись. И только один Федя **не засмеялся**.

После этого неудачного номера дети придумали новый. Они привязали бумажный шарик кошке на лапку. Кошка бегала, прыгала, чтобы поймать шарик, но всё равно **не могла** схватить его. Все дети дружно смеялись. Но Федя и тут **не засмеялся.** И даже **не улыбнулся**.

Но вот однажды в детский дом пришла одна молодая женщина Анна Васильевна Светлова за своим сыном Гришей, чтобы взять его домой на воскресенье. Вдруг она увидела Федю, который сидел на скамейке и очень грустно смотрел на них. Тогда она подошла к нему и сказала:

– Если хочешь, мальчик, пойдём к нам.

И тут все увидели, что Федя улыбнулся. И тогда Анна Васильевна сказала:

– Если хочешь, я буду твоей мамой и ты по воскресеньям будешь ходить к нам.

И тут все заметили, что Федя второй раз улыбнулся и тихо сказал:

– Да, хочу!

С тех пор Федя стал весёлым и здоровым, часто шутил и смеялся. И однажды воспитательница сказала:

– Он поправился, потому что он стал смеяться. Смех приносит людям здоровье!

(По рассказу М.М. Зощенко)

Упражнение 62 *(для контроля). Выберите из скобок глагол нужного вида и употребите его в прошедшем времени. Объясните свой выбор. Укажите возможные варианты.*

1. Во время приёма послы (вручать—вручить) царю дорогие подарки, и он (благодарить—поблагодарить) их по-царски, а потом (приглашать—пригласить) их на пир. 2. Павел хотел убежать, но вдруг на дороге (видеть—увидеть) незнакомого мужчину. 3. Он старался изо всех сил, но это не (помогать—помочь) ему, он сорвался и упал в море. 4. Всю жизнь он тайно и глубоко (любить—полюбить) её. 5. Во время войны этот лётчик (совершать—совершить) 397 боевых вылетов. 6. Все собрались вовремя, никто не (опаздывать—опоздать). 7. Она не (получать—получить) помощи ни от кого, никто не (знать—узнать) о её существовании. 8. В детстве я (плакать—заплакать) редко и только от обиды. 9. Здесь жили славяне. Они (пахать—вспахать) землю, (ловит—поймать) рыбу, (собирать—собрать) в лесу мёд и разные ягоды. 10. На лице у него (появляться—появиться) то страх, то радость. 11. Мы так ждали его, надеялись встретиться с ним, но он так и не (приезжать—приехать). 12. В старину бояре, богатые купцы и ремесленники рядом со своими домами (строить—построить) церкви и монастыри, многие

из которых (сохраняться—сохраниться) до наших дней. 13. Он поднял голову и высоко в небе (видеть—увидеть) журавлей. 14. Генерал Раевский проживал в Тифлисе и ласково (принимать—принять) декабристов и ссыльных офицеров. 15. Наполеон вторгся в Россию, и тогда русский народ впервые (ощущать—ощутить) свою силу. 16. Имя В.И.Даля (входить—войти) в историю не только как писателя, но и как создателя Великого русского толкового словаря. 17. В приёмной палате царь (обсуждать—обсудить) с боярами важные государственные дела. 18. Во время татарского ига русские княжества (платить—заплатить) дань Золотой Орде. 19. Декабристы (выступать—выступить) против царизма и крепостничества и (терпеть—потерпеть) поражение. Но их дело не (погибать—погибнуть). 20. Был такой туман, мы ничего не (видеть—увидеть) вдали.

Глава II. УПОТРЕБЛЕНИЕ ГЛАГОЛОВ НСВ И СВ В БУДУЩЕМ ВРЕМЕНИ

Н С В	С В
1. Студенты **будут писать** экзаменационную работу четыре часа.	– Ты уже написал письмо родителям? – Нет ещё. Но завтра обязательно **напишу**.
2. Я **буду** часто **писать** письма родителям о моей жизни в Москве.	
3. – Что у нас будет завтра на занятии? – Вы **будете писать** изложение.	
4. – Закройте книги. Откройте тетради. Сейчас вы **будете писать** контрольную работу.	

Комментарий

Глаголы НСВ в будущем времени могут употребляться для передачи: 1) процесса действия (пример 1); 2) повторяемости действия (пример 2); 3) факта действия в будущем (пример 3); 4) побуждения к началу действия (пример 4); глаголы СВ – единичного, целостного действия, которое, с точки зрения говорящего, обязательно осуществится.

П р и м е ч а н и е . Обратите внимание на то, что значение факта действия в будущем времени в основном проявляется у глаголов, допускающих представление о процессе, длительности или протяженности действия, и сближается со значением глагола **быть**. (*Завтра мы* **будем писать** *диктант. – Завтра у нас* **будет** *диктант.*)

Упражнение 1. *Прочитайте предложения. Определите вид выделенных глаголов и объясните их употребление. Скажите, в каких примерах глаголы НСВ указывают на: 1) процесс действия, 2) повторяемость действия, 3) факт действия в будущем, 4) побуждение к началу действия; а глаголы СВ – на осуществление действия в будущем.*

1. Всё лето Антон **будет готовиться** к поступлению в университет. 2. На подготовительном факультете студенты **будут изучать** русский язык 10 месяцев. 3. Когда Ли уезжал в Москву, он обещал родителям, что **будет звонить** им каждую неделю. 4. Марта купила абонемент в консерваторию, теперь по воскресеньям она **будет слушать** симфоническую музыку. 5. В этом году мой старший брат **будет поступать** в университет на юридический факультет. 6. В июне мой друг **будет защищать** диссертацию. 7. Выключите свет, пожалуйста! Сейчас мы **будем смотреть** фильм. 8. Откройте учебники на странице 35, сейчас мы **будем читать** новый текст. 9. Я не звонил брату две недели. Завтра обязательно **позвоню**. 10. – Ты принимал сегодня лекарство? – Нет, забыл, сейчас **приму**.

Упражнение 2. *Дополните данные предложения предложениями в будущем времени с конструкцией* **сколько времени** *по образцу. Используйте слова для справок.*

О б р а з е ц : Он взял в библиотеке книгу на неделю.

Он будет читать книгу **неделю**.

1. Преподаватель дал студентам контрольную работу на два часа. 2. Он остановился в гостинице на месяц. 3. Она приехала в Россию на 5 лет. 4. Он пошёл в столовую на 20 минут. 5. Мои друзья уехали за город на целый день. 6. Он пошёл в библиотеку на 3 часа. 7. Виктор взял в библиотеке книги на 6 месяцев. 8. Анна пошла в бассейн на час. 9. Мой отец уехал в дом отдыха на две недели. 10. Он лёг в больницу на месяц.

С л о в а д л я с п р а в о к : лечиться, плавать, заниматься, отдыхать, завтракать, жить, писать.

Упражнение 3. *Скажите об изменении ваших планов на будущее, используя глаголы в будущем времени по образцу.*

О б р а з е ц : Раньше я никогда не занимался спортом.

Теперь я **буду заниматься** спортом каждый день.

1. Раньше я никогда не делал зарядку по утрам. 2. Раньше я редко ходил в театры. 3. Раньше я поздно ложился спать. 4. Раньше я редко помогал родителям. 5. Раньше я нечасто ходил на экскурсии. 6. Раньше я не играл в шахматы. 7. Раньше я боялся летать на самолётах. 8. Раньше я боялся кататься на коньках. 9. Раньше я не любил ловить рыбу. 10. Раньше я не любил ходить в горы.

Упражнение 4. *Обоснуйте действия данных предложений, употребляя будущее время, по образцу. Используйте слова для справок.*

О б р а з е ц : Он приехал в Москву.

В Москве он **будет изучать** русский язык.

1. Студенты пришли в лингафонный кабинет. 2. Студенты пришли в видеокласс. 3. Антон пришёл в бассейн. 4. Марта пришла в читальный зал. 5. Молодую балерину приняли на работу в театр. 6. Мой брат окончил медицинский институт и поступил на работу в детскую больницу. 7. Мой друг получил работу на телевидении. 8. Моя сестра будет работать в музее экскурсоводом. 9. Виктор поступил в университет на исторический факультет. 10. Рыбаки вышли в море.

С л о в а д л я с п р а в о к : ловить, слушать, изучать, смотреть, водить, плавать, готовить, заниматься, лечить, танцевать.

Упражнение 5. *Закончите данные высказывания, употребляя глаголы в будущем времени, по образцу. Используйте слова для справок.*

О б р а з е ц : Накрой на стол. Сейчас ... .

Накрой на стол. Сейчас **будем обедать**.

1. Включи радио. Сейчас ... . 2. Возьми из холодильника продукты. Сейчас ... . 3. Принеси чемодан. Сейчас ... . 4. Возьмите словари. Сейчас ... . 5. Включи телевизор. Сейчас ... . 6. Откройте учебники на странице 10. Сейчас ... . 7. Возьми пылесос. Сейчас ... . 8. Включи стиральную машину. Сейчас ... . 9. Приготовь ёлочные игрушки. Сейчас ... . 10. Выключи свет. Сейчас ... .

С л о в а д л я с п р а в о к : украшать, слушать, стирать, готовить, укладывать, убирать, переводить, читать, смотреть.

Упражнение 6. *Ответьте на данные вопросы, употребляя глаголы в будущем времени, по образцу.*

О б р а з е ц : – Ты уже перевёл эту статью?

– Нет, завтра обязательно **переведу**.

1. Ты уже составил план работы? 2. Ты уже уложил вещи в дорогу? 3. Ты уже получил визу? 4. Ты дочитал роман, который я тебе дал? 5. Ты сдал книги в библиотеку? 6. Ты заказал билет на самолёт? 7. Ты уже подписал контракт? 8. Ты уже договорился о встрече с научным руководителем? 9. Ты уже послал телеграмму на родину? 10. Ты уже поздравил друзей с праздником?.

Упражнение 7. *Дополните данные предложения предложениями в будущем времени с конструкцией* **за сколько времени** *по образцу. Используйте слова для справок.*

О б р а з е ц : Дайте мне вашу тетрадь.

Я проверю вашу тетрадь **за несколько минут**.

1. Дайте мне этот журнал на час. 2. Мария хорошо и быстро готовит. 3. Антон прекрасный переводчик. 4. У Бориса хорошая память. 5. Виктор прекрасный тренер. 6. Она хорошая машинистка. 7. Иван Петрович опытный врач. 8. Борис прекрасный пловец. 9. Иванов талантливый журналист. 10. Петров хороший мастер, он быстро и хорошо ремонтирует автомобили. 11. Эта строительная компания хорошо и быстро строит.

С л о в а   д л я   с п р а в о к : построить, прочитать, приготовить, отремонтировать, перевести, написать, выучить, переплыть, научить, вылечить, напечатать.

Упражнение 8. *Употребляя глаголы НСВ и СВ в будущем времени, скажите, что вы сделаете или будете делать в данных ситуациях. Следите за употреблением вида глаголов. Используйте образец.*

О б р а з е ц : Вы увидели в кафе аппетитное пирожное.

– **Я куплю** его.

Вам понравилось кафе, потому что здесь хорошо готовят.

– Теперь я всегда **буду завтракать** в этом кафе.

1. Вы нашли в магазине книгу, которую давно искали. 2. Вам оказали помощь. 3. Вас пригласили на день рождения. 4. Врач сказал вам, что у вас слабое здоровье. 5. Вы записались в хор. 6. Ваш знакомый потерял зонт, а вы его нашли. 7. Вам понравился этот магазин. 8. Вы купили шахматы. 9. Вы включили газ. 10. Вы пришли на телеграф. 11. Вы включили утюг. 12. Вам понравилась студенческая столовая. 13. Вы хорошо сдали экзамены и поступили на экономический факультет МГУ.

УПОТРЕБЛЕНИЕ ГЛАГОЛОВ НСВ И СВ В БУДУЩЕМ ВРЕМЕНИ С ОТРИЦАНИЕМ

НСВ	СВ
Я **не буду решать** эту задачу, учитель её не задавал.	Я **не решу** эту задачу, она слишком сложная.

Комментарий

Глаголы НСВ в будущем времени с отрицанием, так же как в прошедшем времени, могут указывать на отсутствие действия, а глаголы СВ – на отсутствие результата действия в будущем.

П р и м е ч а н и е . Обратите внимание на то, что значение отсутствия действия в будущем времени может рассматриваться как отсутствие намерения или желания совершить действие (*не буду решать – не собираюсь, не хочу*), а отсутствие результата – как невозможность достижения результата (*не решу – не смогу, невозможно решить*).

Упражнение 9. *Прочитайте предложения. Определите вид выделенных глаголов и объясните их употребление.*

1. Я **не буду читать** этот журнал. Он неинтересный. 2. Я **не прочитаю** этот роман за два дня. 3. Сегодня мы **не будем переводить** текст, потому что будем готовиться к контрольной работе. 4. Я **не переведу** эту статью за день, в ней много новых слов и словосочетаний. 5. Альпинисты **не будут подниматься** на эту гору, потому что она не входит

в их программу. 6. Я **не поднимусь** на эту гору без спецснаряжения, потому что эта гора слишком высокая и крутая. 7. Она **не поступит** на химический факультет, потому что плохо знает химию. 8. Она **не будет поступать** на химический факультет, потому что не любит этот предмет.

Упражнение 10. *Используя глаголы в будущем времени с отрицанием, ответьте на данные вопросы. Обоснуйте ваши ответы по образцу.*

О б р а з е ц : – Вы собираетесь принять участие в студенческом концерте?

– Нет, я **не буду принимать** участия в студенческом концерте, потому что я занят в этот день.

1. Вы собираетесь коллекционировать марки? 2. Вы собираетесь изучать испанский язык? 3. Вы намерены брать уроки пения? 4. Вы собираетесь покупать автомобиль? 5. Вы хотите заниматься плаванием? 6. Вы намерены поступать в аспирантуру? 7. Вы намерены принимать участие в шахматном турнире? 8. Вы хотите посмотреть по телевизору спортивную передачу?

Упражнение 11. *Используя глаголы в будущем времени с отрицанием, ответьте на данные вопросы. Обоснуйте ваши ответы по образцу.*

О б р а з е ц : – Вы можете переплыть Волгу?

– Нет, я **не переплыву** Волгу, потому что она слишком широкая, а я плохой пловец.

1. Вы можете выиграть партию в шахматы у чемпиона? 2. Вы можете пробежать 10 километров без отдыха? 3. Вы можете обмануть друга? 4. Вы можете перевести это стихотворение с русского на японский? 5. Вы можете подняться на гору Эверест? 6. Вы можете поднять гирю в сто килограммов? 7. Вы можете забыть ваши студенческие годы? 8. Вы можете запомнить в день сто новых иностранных слов?

Упражнение 12. *Используя глаголы НСВ и СВ в будущем времени с отрицанием, обоснуйте данные высказывания по образцу.*

О б р а з е ц : Этот студент не сдаст экзамены.

Этот студент не сдаст экзамены, потому что пропустил много занятий.

1. Этот актёр не сыграет такую сложную психологическую роль. 2. Этот актёр не будет играть главную роль в новом спектакле. 3. Анна не будет вспоминать о случившемся. 4. Марта не вспомнит о случившемся. 5. Эта команда не выиграет матч. 6. Директор не будет выступать на конференции. 7. Сегодня Вера не будет звонить подруге. 8. Он не победит в этом шахматном турнире. 9. Антон не будет лечиться у этого врача. 10. Я не буду учить это стихотворение.

Упражнение 13. *Используя глаголы НСВ и СВ в будущем времени с отрицанием, продолжите данные высказывания. Укажите возможные варианты.*

1. Он сломал ногу, поэтому не ... . 2. Он не получит диплом, если не ... . 3. Он долго болел, поэтому не ... . 4. Он очень плохо знает английский язык, поэтому не ... . 5. Врач не будет лечить вас, если вы не ... . 6. Она плохо подготовилась к экзамену, поэтому не ... . 7. Вы не поступите в университет, если не ... . 8. Вы будете больным, если не ... . 9. Вы не поправитесь, если не ... . 10. Он ещё плохо знает русский язык, поэтому не ... .

Упражнение 14. *Прочитайте шутку. Найдите глаголы НСВ и СВ в будущем времени и объясните их употребление. Перескажите шутку по ролям.*

– Итак, ты решил на мне жениться?

– Бесповоротно!

– А ты хорошо об этом подумал?

– Конечно.

– Ты знаешь, что я ни шагу не сделаю ни в магазин, ни на рынок?

– Я с успехом сделаю это сам.

– Я не буду готовить!

– Зато я буду.

– Я не буду стирать!

– Я буду носить бельё в хорошую прачечную.

– Я не возьму в руки даже пылесос!

– У меня две руки.

– Я буду заводить магнитофон на полную громкость!

– У меня крепкие нервы.

– Я не разрешу приходить в наш дом твоим друзьям!

– Согласен.

– Я буду отбирать у тебя всю твою зарплату!

– А зачем мне деньги, если не будет друзей?

– Я не шучу. Всё будет так, как я сказала!

– Я тоже не шучу.

– И, несмотря на всё это, ты хочешь на мне жениться?

– Да!

– Я не выйду за тебя замуж, потому что мне не нужен муж, который не может защитить даже себя!

Упражнение 15. *Составьте диалог по типу диалога из упражнения 14, который мог бы происходить между капризным женихом и невестой, которая на всё согласна.*

Упражнение 16. *Скажите, что вы будете (и чего не будете) делать, когда женитесь (выйдете замуж).*

Упражнение 17. *Прочитайте сказку. Определите вид выделенных глаголов и объясните их употребление. Перескажите сказку.*

СПЯЩАЯ КРАСАВИЦА

Жили на свете король и королева. И долго не было у них детей. И вот наконец, когда они совсем потеряли надежду, у них родилась дочь. Король и королева устроили большой праздник во дворце. Они пригласили шесть фей, которые приготовили прекрасные подарки для маленькой принцессы.

Феи пошли в детскую комнату и стали преподносить принцессе свои дары.

Младшая из фей сказала, что принцесса **будет** прекраснее всех на свете. Другая фея сказала, что у неё **будет** нежное и доброе сердце. Третья сказала, что принцесса **будет** хорошо **рисовать**. Четвёртая обещала, что принцесса **будет** превосходно **танцевать**. Пятая – что она

будет петь, как соловей, а шестая – что она **будет играть** одинаково хорошо на всех музыкальных инструментах.

В это время появилась злая фея, которую забыли пригласить на праздник. Она подошла к кровати принцессы и сказала: «Когда принцессе **исполнится** 18 лет, она **уколет** руку веретеном и от этого **умрёт**».

Все страшно испугались. И тут молодая фея громко сказала: «Не плачьте, король и королева! Ваша дочь **не умрёт**, но она **будет спать** 100 лет, до тех пор, **пока** её **не разбудит*** прекрасный принц».

Король решил спасти свою дочь от несчастья и запретил хранить прялки.

Прошло 18 лет. Король и королева уехали в загородный дворец, а принцесса осталась одна. Её захотелось осмотреть древний замок, и она стала бегать из комнаты в комнату, и наконец в одной из них она увидела прялку, подошла к ней, тронула прялку, уколола палец и упала как мёртвая.

Принцессу уложили в постель. У спящей принцессы щёки были розовые, а губы красные. Глаза были закрыты. Но было слышно, что она дышит.

Прошло сто лет. Один прекрасный принц охотился в лесу недалеко от древнего замка, в котором спала прекрасная принцесса. Он устал и решил там отдохнуть. Он вошёл в замок, прошёл множество комнат, поднялся в башню и увидел там прекрасную принцессу. Он подошёл к её постели и опустился перед ней на колени. И в это время принцесса проснулась ...

Они полюбили друг друга и стали жить счастливо.

Упражнение 18 *(для контроля). Выберите из скобок глагол нужного вида и употребите его в будущем времени. Объясните свой выбор. Укажите возможные варианты.*

1. Вы (продолжать—продолжить) своё образование после окончания университета? 2. Земля может погибнуть, если люди не (открывать — открыть) новых видов энергии и не (выходить—выйти) в космос.

---

* После союза **пока не** употребляются глаголы СВ.

3. Учёные считают, что через сто лет всё человечество (говорить— сказать) на одном языке. 4. Сегодня мы (обсуждать—обсудить) фильм, который мы смотрели вчера. 5. Я никогда не (забывать—забыть) этого сказочного вечера. 6. После 2000 года события на Земле (развиваться— развиться) таким образом, что очень сильно (ускоряться—ускориться) развитие человеческого общества. 7. – Какие у вас планы на следую- щий год? – Я (собирать—собрать) материал для диссертации. 8. – Что вы собираетесь делать в выходные дни? – Мы (отдыхать—отдохнуть). 9. Опасность миновала, больной не (умирать—умереть), он будет жить. 10. Я не (помогать—помочь) ему, я хочу, чтобы он научился работать самостоятельно.

Глава III. УПОТРЕБЛЕНИЕ ГЛАГОЛОВ НСВ И СВ В ПОВЕЛИТЕЛЬНОМ НАКЛОНЕНИИ

Н С В	С В
1. – **Пишите** внимательнее, не спешите.	7. – **Напишите** к среде сочинение о поездке в Петербург.
2. – Чаще **пишите** письма домой.	
3. – Всё понятно? Вопросы есть? – Нет. – Тогда **пишите**.	
4. – Почему вы перестали писать? **Пишите** дальше!	
5. – Можно войти? – **Входите!**	
6. – Уже 8 часов! **Вставай!** Можешь опоздать на занятия!	

Комментарий

Глаголы НСВ в повелительном наклонении могут употребляться для побуждения: 1) к действию в его процессе (пример 1); 2) к многократному действию (пример 2); 3) к началу или продолжению известного из контекста или ситуации действия, безотносительно к его процессу или результату (примеры 3 и 4). Побуждение к началу действия может реализоваться и как разрешение приступить к действию (пример 5), а также может зависеть от определённого временного фактора (в значении **пора начинать**) (пример 6). Глаголы СВ могут выражать просьбу, совет, требование, приказ и т.д. довести действие до результата (пример 7).

П р и м е ч а н и е . Глаголы НСВ в повелительном наклонении могут вносить в высказывание оттенок вежливой просьбы, приглашения. (– **Вставай**, пожалуйста! Вредно много спать!; – **Приходите** ко мне в субботу на день рождения.) Глаголы СВ – оттенок резкого, а иногда и грубого требования. (– **Встань**, когда говоришь со старшим!; – **Сядь** на место! Ты мне мешаешь!)

Упражнение 1. *Прочитайте предложения. Определите вид выделенных глаголов и объясните их употребление.*

1. **Иди** быстрее, мы опаздываем на лекцию. 2. **Говорите** громче, я плохо слышу. 3. **Разговаривайте** тише, в соседней комнате больной. 4. По утрам **делайте** зарядку. 5. **Принимайте** лекарство три раза в день после еды. 6. Вы уже подготовились? Тогда **отвечайте**. 7. Вы уже посмотрели меню? Выбрали блюда? **Заказывайте**. 8. С вас 30 рублей. **Платите** в кассу. 9. Что ты замолчал? **Читай** дальше. 10. Что же ты стоишь? **Входи**. 11. Уже поздно. **Ложись** спать. 12. Здравствуйте, дети! **Садитесь**. 13. **Живите** дружно! **Помогайте** друг другу! 14. – В аудитории темно. Можно включить свет? – **Включайте**. 15. **Закройте**, пожалуйста, окно, в аудитории очень холодно. 16. **Выпей** стакан горячего молока. Это помогает от простуды. **Пей,** оно не очень горячее. 17. **Включи** телевизор. Что же ты не включаешь? **Включай**. Фильм уже начался. 18. – В аудитории темно. Можно включить свет? – **Включайте!**

Упражнение 2. *Исходя из данных ситуаций, составьте высказывания, указывающие на характер протекания действия, по образцу. Используйте глаголы НСВ в повелительном наклонении и наречия в сравнительной степени, а также слова для справок.*

О б р а з е ц :   Ваша сестра спешит, идёт очень быстро.
          – **Иди** медленнее.

1. Преподаватель читает текст очень быстро. 2. Один студент говорит слишком тихо. 3. Ваш друг пишет вам лаконичные письма без подробностей. 4. Ваша подруга идёт слишком медленно. 5. В читальном зале один посетитель громко разговаривает с соседом. 6. Один студент делает много ошибок в диктантах по невнимательности. 7. Ваш друг спешит, а на улице очень скользко. 8. Ваш знакомый много курит. 9. Ваша подруга много ест. 10. Ваш брат ленится, мало занимается.

С л о в а   д л я   с п р а в о к : больше, громче, тише, медленнее, быстрее, подробнее, меньше, осторожнее, внимательнее.

Упражнение 3. *Используя глаголы НСВ в повелительном наклонении, в следующих ситуациях дайте совет своему другу по образцу.*

О б р а з е ц :   В комнате у него душно.

          – Чаще **открывай** окно, **проветривай** комнату!

1. По утрам он чувствует себя вялым. 2. Он много занимается, мало отдыхает. 3. Он почти не ходит в театры. 4. Он плохо читает по-русски. 5. Он плохо запоминает новые слова. 6. Он редко пишет письма родителям. 7. Он не всегда убирает свою комнату. 8. Он редко звонит вам. 9. Он плохо спит. 10. Он забывает регулярно принимать лекарство.

Упражнение 4. *Используя глаголы НСВ в повелительном наклонении и образец, закончите данные высказывания, выразите побуждение к началу действия.*

О б р а з е ц : Вы прочитали текст? ...

          Вы прочитали текст? **Рассказывайте!**

1. Ну, что же ты не отвечаешь? Все ждут ... 2. Откройте, пожалуйста, учебники. Хуан ... 3. Прекрасная танцевальная музыка. Что же вы сидите и не танцуете? ... 4. – Телефон свободен? Можно позвонить? – ... 5. Врач освободился. Кто следующий? ... 6. Домашнее задание ещё не сделано, а ты всё ещё смотришь телевизор. ... 7. Почему вы перестали играть? ... 8. Уже 2 часа дня. Обеденный перерыв в магазине кончился. ... 9. – Можно взять вашу ручку на минутку? – ... 10. У меня завтра день рождения. ...

Упражнение 5. *Используя глаголы НСВ в повелительном наклонении, дайте разрешение на просьбу по образцу.*

О б р а з е ц : – В аудитории стало холодно. Можно закрыть окно?

          – **Закрывайте!**

1. Можно позвонить от вас? – ...

2. Можно взять ваш словарь? – ...

3. Можно включить телевизор? – ...

4. Можно вас спросить? – ...

5. Можно посмотреть ваши фотографии? – ...

6. Можно примерить этот костюм? – ...

7. Можно вас сфотографировать? – ...

8. Вы закончили занятия? Можно убрать вашу аудиторию? – ...

Упражнение 6. *Замените выделенные предложения глаголами НСВ в повелительном наклонении по образцу.*

О б р а з е ц : Уже 10 часов вечера. **Пора закрывать музей.**

Уже 10 часов вечера. **Закрывайте музей.**

1. Уже 2 часа дня. **Пора садиться обедать.** 2. Прозвенел звонок с урока. **Пора заканчивать работу.** 3. Уже поздно. **Пора ложиться спать.** 4. Уже 8 часов утра. **Пора открывать магазин.** 5. Скоро придут гости. **Пора накрывать на стол.** 6. Всё готово к отъезду. **Пора отправляться в дорогу.** 7. Скоро начнётся интересная передача. **Пора включать телевизор.** 8. Всё готово к эксперименту. **Пора начинать эксперимент.**

Упражнение 7. *Используя глаголы СВ в повелительном наклонении, обратитесь к кому-либо с просьбой по образцу.*

О б р а з е ц : У вашего друга прекрасная коллекция марок.

– **Покажи**, пожалуйста, мне твой альбом с марками.

1. В аудитории нет мела. 2. В комнате стало темно. 3. В доме кончился хлеб. 4. В комнате беспорядок. 5. В аудитории душно. 6. Вам требуется помощь. 7. В аудитории грязная доска. 8. Вы пришли в библиотеку за книгой. 9. Вам необходимо выпить чашку горячего чая. 10. У вас высокая температура, а вы не знаете, что делать, какое лекарство принимать.

Упражнение 8. *Исходя из данных ситуаций, используя глаголы НСВ и СВ в повелительном наклонении, составьте высказывания по образцу.*

О б р а з е ц : Вы пришли в магазин и на витрине увидели красивые часы.

– **Покажите**, пожалуйста, эти часы. Я хочу посмотреть их.

1. Ваш друг поздно встаёт и поэтому опаздывает на занятия. 2. Ваша младшая сестра хочет поставить на стол вазу с цветами, но делает это неосторожно. 3. Время обеда. Стол накрыт. А дети не садятся обедать.

4. Вы занимаетесь, а ваш брат включил магнитофон на полную громкость. 5. Вы врач. К вам пришёл пациент, который жалуется на плохой аппетит. 6. Вы разговариваете по телефону с другом. Он очень тихо говорит. Вы плохо его слышите. 7. На занятии один студент попросил у вас словарь на несколько минут, потому что забыл свой словарь дома. 8. Пора выходить из дома, а ваша сестра ещё не оделась. 9. Ваш брат обычно поздно ложится спать и поэтому плохо себя чувствует. 10. Ваша сестра играла на пианино. Вы вошли в комнату. Она перестала играть. 11. Вы в гостях. Вы хотите ещё чая. 12. Вы преподаватель. У ваших студентов скоро будет экзамен.

Упражнение 9. *Используя глаголы НСВ и СВ в повелительном наклонении, составьте высказывания по заданным ситуациям.*

О б р а з е ц : Объясните студенту, который недавно приехал в Москву, как надо пользоваться автоматом-контролёром на станциях метро.

– **Купи** в кассе карту, **подойди** к автомату, **опусти** карту в автомат справа и **проходи** через автомат слева.

1. Представьте, что вы врач. Дайте совет больному человеку. 2. Представьте, что вы учитель. Дайте домашнее задание своим ученикам. 3. Объясните прохожему, как пройти до станции метро «Профсоюзная». 4. Объясните студенту, который пришёл в университет первый раз, как пользоваться студенческой столовой. 5. Обратитесь к кому-нибудь за помощью. 6. Пригласите в дом гостей. 7. Объясните, как пользоваться телефоном-автоматом. 8. Вы хотите побывать в театре. Обратитесь в театральную кассу. 9. Сделайте заказ в ресторане. 10. У вашего друга трудности в изучении русского языка. Дайте ему совет. 11. Объясните детям, как нужно соблюдать личную гигиену. 12. У вас попросили разрешения включить телевизор. Разрешите это сделать.

Упражнение 10. *Прочитайте диалоги. Определите вид выделенных глаголов и объясните их употребление. Разыграйте диалоги по ролям.*

1. – Алло.

– **Позовите** (**попросите**) к телефону Бориса.

– **Подождите** минуту, сейчас он подойдёт.

2. – Я слушаю.

– Можно Марту?

– Здесь таких нет. Вы ошиблись номером. **Перезвоните**, пожалуйста.

– Извините.

3. – Алло. Виктор, это ты?

– Да, а кто со мной говорит?

– Не узнаёшь? Это я, Антон.

– Здравствуй! Рад тебя слышать.

– Здравствуй! Знаешь, у меня завтра небольшой семейный праздник. **Приходи** ко мне с женой.

– С удовольствием! А когда?

– К шести часам вечера.

– Хорошо. Договорились.

– До скорой встречи!

– Всего хорошего!

4. – Слушаю вас.

– **Позовите**, пожалуйста, Анну.

– Её нет, она уехала по делам.

– А когда она будет?

– Точно не знаю, но, думаю, очень поздно. Ей что-нибудь передать?

– **Передайте**, что звонил Михаил.

– Хорошо, передам.

– До свидания, **извините** за беспокойство.

5. – Этот столик не занят?

– Нет, **садитесь**, пожалуйста. Вот меню. **Выбирайте**.

6. – Вы уже выбрали? **Заказывайте**.

– **Принесите**, пожалуйста, салат, курицу с картофелем и минеральную воду.

– А что будете брать на десерт?

– **Посоветуйте**, пожалуйста, что-нибудь.

– **Возьмите** пирожные, они у нас очень свежие и вкусные.

– Хорошо! **Принесите** пирожные.

7. – Официант, **дайте**, пожалуйста, счёт. Сколько с меня?
   – 50 рублей.
   – **Получите**.
   – Ваша сдача.
   – Не надо. **Оставьте** себе на чай.
   – Спасибо.

8. – **Скажите**, пожалуйста, хлеб свежий?
   – Да, только что привезли.
   – Дайте, пожалуйста, батон и половину чёрного.
   – **Платите** в кассу 7 рублей.

9. – Что вы желаете?
   – Мне нужен торт к чаю.
   – У нас сегодня большой ассортимент тортов. **Посмотрите** витрину
   и **выбирайте**.
   – Пожалуй, я возьму этот бисквитный торт. Как он называется?
   – «Сказка».
   – А сколько он стоит?
   – **Платите** в кассу 40 рублей.

10. – Сколько стоит эта солёная капуста?
    – Недорого, 10 рублей. **Берите**, не пожалеете. Очень вкусная капуста.
    – А попробовать можно?
    – **Пробуйте**, пожалуйста.
    – Действительно вкусная. **Дайте**, пожалуйста, килограмм.

11. – **Покажите**, пожалуйста, эти сапоги.
    – Какой вам размер?
    – 37-й.
    – Вы хотите примерить?
    – Конечно.
    – **Проходите, садитесь** сюда. **Примеряйте**.
    – Сапоги мне как раз. Сколько они стоят?
    – **Платите** в кассу 800 рублей.

12. – Я хотел бы снять в вашей гостинице номер на три дня.

– **Дайте**, пожалуйста, ваш паспорт.

– Пожалуйста.

– Какой вам номер, простой или «люкс»?

– Простой.

– **Возьмите** ключ от номера. Что же вы стоите? **Берите** ключ. Ваш номер на третьем этаже.

Упражнение 11. *Используя глаголы НСВ и СВ в повелительном наклонении, составьте диалоги на темы:*

Разговор по телефону. В магазине. В ресторане. На рынке. В гостинице.

Упражнение 12. *Прочитайте рецепты русской кухни. Определите вид выделенных глаголов и объясните их употребление.*

Икра из свёклы

Возьмите полкилограмма сырой свёклы, **сварите** и **очистите** её, а затем **пропустите** через мясорубку. Потом в полученную массу **положите** две-три столовые ложки сахара, две столовые ложки сливочного масла и **выжмите** сок ½ лимона. Всё это **перемешайте**, **поставьте** на огонь на 5–10 минут и **помешивайте** массу. Затем **охладите** и **переложите** икру в салатник.

Молочный соус для овощей

Возьмите столовую ложку муки, полтора стакана молока и 25 граммов масла на один килограмм овощей.

Столовую ложку муки слегка **поджарьте** с маслом, потом **разведите** горячим молоком, **добавьте** соль по вкусу и **варите** 10–15 минут.

Картофельные клёцки

Сварите один килограмм картофеля и **пропустите** через мясорубку. **Остудите** картофельную массу, **добавьте** одно яйцо, 250–400 граммов муки и соли по вкусу. **Перемешайте** всё, **положите** на доску, посыпанную мукой, и **месите** до образования гладкого теста, потом **разделите**

тесто на 3–4 части, **скатайте** валики толщиной 2–3 см, **нарежьте** их шириной 3 см, а потом **варите** в большом количестве подсоленной воды.

Готовые клёцки **достаньте** шумовкой и на тарелке **полейте** горячим маслом.

Упражнение 13. *Используя глаголы НСВ и СВ в повелительном наклонении, составьте рецепт национального блюда.*

УПОТРЕБЛЕНИЕ ГЛАГОЛОВ НСВ И СВ В ПОВЕЛИТЕЛЬНОМ НАКЛОНЕНИИ С ОТРИЦАНИЕМ

Н С В	С В
Не опаздывайте на занятия.	Смотри, **не опоздай** на поезд.

Комментарий

> Глаголы НСВ в повелительном наклонении с отрицанием могут употребляться для передачи ненужности действия или его запрещения; глаголы СВ – предостережения, опасения, что нежелательное действие, независящее от воли лица, может произойти, но которого следует избежать.

П р и м е ч а н и е . В основном в повелительном наклонении с отрицанием в СВ функционируют глаголы с негативным лексическим значением (**разбить, обжечь, испачкать, упасть, сломать, уронить, потерять, заболеть, простудиться** и т. п.). Глаголы СВ в значении предостережения могут получать оттенок напоминания или предупреждения (**Не забудь** сегодня купить лекарство, завтра все аптеки будут закрыты.), а также могут выражать усиленную просьбу. (**Не откажи** ему в помощи.)

Упражнение 14. *Прочитайте предложения. Определите вид выделенных глаголов и объясните их употребление.*

1. Берегите своё здоровье, **не болейте**. 2. **Не пей** холодное молоко, будет болеть горло. 3. **Не будите** отца, сегодня нерабочий день, пусть он отдохнёт. 4. **Не рви** этот документ, может быть, он будет тебе нужен. 5. **Не разговаривайте** во время лекции. 6. **Не пользуйтесь** слова-

рями во время экзаменов. 7. **Не курите** в столовой. 8. **Не переходите** улицу на красный свет. 9. Вы слишком легко одеты, а на улице холодно. Смотрите, **не заболейте**. 10. **Не порежь** руку, нож очень острый. 11. Смотри, **не выпей** эту жидкость, это яд. 12. Зачем ты полез на дерево? **Не порви** новый костюм. 13. Тише, дети, **не разбудите** отца, он очень устал, ему нужно отдохнуть. 14. **Не забудь** передать ему мою просьбу. 15. Пиши чаще, **не забывай** меня.

Упражнение 15. *Используя глаголы НСВ в повелительном наклонении с отрицанием, ответьте на вопросы. Аргументируйте свой ответ по образцу.*

О б р а з е ц : – Закрыть окно?

         – **Не закрывайте**, пожалуйста, в аудитории ещё душно.

1. Объяснить ещё раз это правило? 2. Повторить ещё раз это предложение? 3. Проводить вас домой? 4. Позвонить тебе вечером? 5. Встретить тебя на вокзале? 6. Помочь тебе? 7. Вызвать тебе врача? 8. Включить радио? 9. Купить тебе газету? 10. Рассказать тебе о случившемся?

Упражнение 16. *Используя глаголы НСВ в повелительном наклонении с отрицанием, дайте совет друг другу в данных ситуациях. Аргументируйте свой ответ по образцу.*

О б р а з е ц :   Ваш друг спешит, а времени до занятий, с вашей точки зрения, ещё достаточно.

         – **Не спеши**, мы не опоздаем, времени ещё достаточно.

1. Он хочет взять в библиотеке книгу. Вы считаете, что эта книга неинтересная. 2. Она собирается пойти на спектакль, который вы уже смотрели, и он вам не понравился. 3. Он хочет купить сувенир, с вашей точки зрения, очень дорогой и плохого качества. 4. Он хочет выступить на семинаре, но он плохо подготовился к нему. 5. Он хочет бросить учёбу в университете и поступить на работу. 6. Он хочет изменить специальность. 7. Он хочет переехать на другую квартиру. 8. Он хочет пе-

рейти улицу на красный свет. 9. Он хочет закурить сигарету. 10. В ресторане он хочет заказать рыбу.

Упражнение 17. *Используя глаголы НСВ в повелительном наклонении с отрицанием, подберите к данным предложениям синонимичные по образцу.*

О б р а з е ц : В метро нельзя ставить тяжёлые вещи на ступеньки эскалатора.

Не ставьте тяжёлые вещи на ступеньки эскалатора.

1. В театре нельзя входить в зрительный зал после третьего звонка. 2. Нельзя пропускать занятия. 3. В метро нельзя прислоняться к двери электропоезда. 4. Нельзя обманывать детей. 5. Нельзя писать на страницах библиотечной книги. 6. Нельзя громко разговаривать в читальном зале. 7. Здесь нельзя ставить машину, стоянка запрещена. 8. Не разрешается опаздывать на занятия. 9. В музее нельзя трогать руками экспонаты. 10. На экзамене не разрешается пользоваться словарём.

Упражнение 18. *Используя глаголы СВ в повелительном наклонении с отрицанием и слова для справок, предостерегите кого-либо от нежелательного действия по образцу.*

О б р а з е ц : друга, который легко одевается зимой.

– Смотри, **не простудись**, ты слишком легко одеваешься.

1. брата, у которого остаётся очень мало времени до вылета самолёта; 2. сестру, которая неосторожно моет посуду; 3. ребёнка, у которого в руках нож; 4. сестру, которая собирается выйти из дома, а на улице очень скользко; 5. маленькую девочку, которая рисует красками; 6. студента, который зимой стоит у открытого окна; 7. ребёнка, который собирается зажечь газ; 8. подругу, которую вы попросили купить вам лекарство; 9. рабочих, которые неосторожно несут телевизор; 10. знакомого, которому вы дали почитать очень ценную книгу.

С л о в а д л я с п р а в о к : потерять, забыть, обжечь, разбить, порезать, опоздать, простудиться, уронить, испачкаться, упасть.

Упражнение 19. *Употребляя глаголы НСВ и СВ в повелительном наклонении с отрицанием и без отрицания, озвучьте речь персонажей, представленных на рисунках. Используйте слова, данные для справок.*

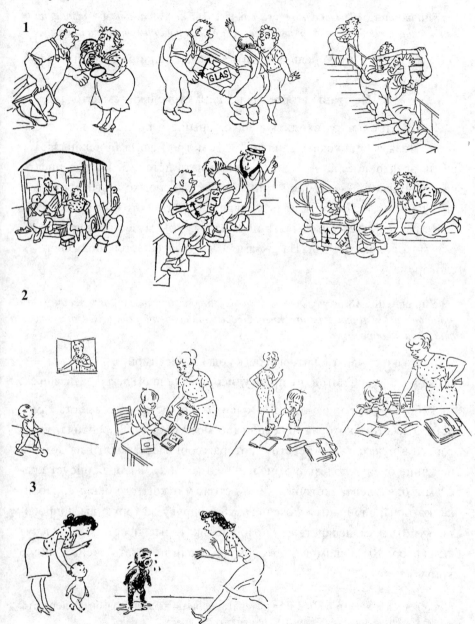

4

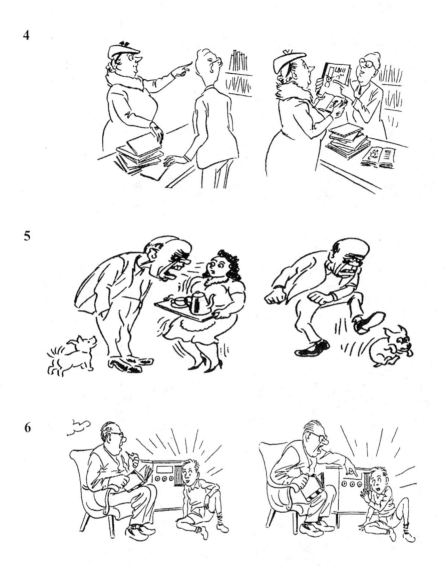

5

6

С л о в а   д л я   с п р а в о к : класть—положить *что? куда?*, относить—отнести *что? куда?*, спускаться—спуститься *куда?*, ставить—поставить *что? куда?*, поднимать—поднять *что?*, ронять—уронить *что?*, разбивать—разбить *что?*, идти, делать—сделать домашнее задание, читать—прочитать, писать—написать, делать—сделать ошибку, пачкать—испачкать *что?*, показывать—показать *что?*, давать—дать *что? кому?*, мешать—помешать *кому?*, уходить—уйти *куда?*, делать—сделать звук тише, выключать—выключить *что?*

Упражнение 20. *Используя глаголы НСВ и СВ в повелительном наклонении с отрицанием и без отрицания, составьте рассказ по рисунку «За обедом». Используйте слова, данные для справок.*

За обедом

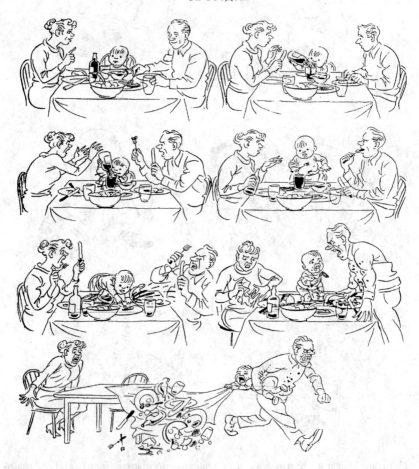

Слова для справок: вести себя хорошо за столом, сидеть спокойно, брать— взять что—либо без разрешения, вертеться за столом, наливать— налить *что? куда?*, спрашивать—спросить разрешения *у кого?* проливать— пролить сок *куда?* ставить—поставить бутылку на место, вставать—встать на стул, брать—взять *что?* руками, обливать—облить соусом *что? кого?*, разбивать—разбить *что?*, ронять—уронить *что?*, пачкать—испачкать *что? кого?*, кричать—закричать на ребёнка, бить—побить ребёнка, плакать—заплакать.

Упражнение 21. *Прочитайте сказку. Определите вид выделенных глаголов и объясните их употребление. Перескажите сказку.*

МАША И МЕДВЕДЬ

Жили-были старик со старухой. У них была дочка Маша. Однажды пришли к ней подружки и стали звать её в лес за ягодами. Отец с матерью не отпускают Машу в лес, боятся. Тогда Маша стала просить родителей:

– **Отпустите** меня в лес за ягодами.

Наконец они решили отпустить дочку в лес, но на прощание сказали ей:

– **Не отставай** от подружек, смотри, **не заблудись**.

Ходила, ходила Маша по лесу, отстала от подружек и совсем заблудилась. Наконец она пришла к лесной избушке. Вошла Маша в избушку и села на лавочку.

А в этой избушке жил медведь. Только тогда его дома не было. Вернулся медведь вечером, увидел девочку и обрадовался.

– Теперь, – говорит, – не отпущу тебя, будешь жить у меня.

Стала Маша жить у медведя в лесной избушке. Медведь на целый день в лес уходил, а Маше приказывал:

– Никуда **не уходи** из дома.

Стала Маша думать, как от медведя убежать. Думала, думала и придумала.

– Медведь, – говорит она, – **отнеси** моим родителям в деревню пирожки.

Медведь согласился.

Маша испекла пирожки, взяла большую корзину, спряталась в этой корзине, а сверху положила пирожки.

Взял медведь корзину и пошёл в деревню. Шёл, шёл. Устал и говорит:

– Сяду на пенёк, съем пирожок!

А Маша из корзины и говорит ему:

– Всё вижу! **Не садись** на пенёк, **не ешь** пирожок!

Взял медведь корзину и пошёл дальше. Прошёл ещё немного и говорит:

– Сяду на пенёк, съем пирожок.

А Маша из корзины снова кричит:

– Всё вижу! **Не садись** на пенёк, **не ешь** пирожок!

Испугался медведь, встал и побежал скорее.

Прибежал он в деревню, нашёл дом, где жили родители Маши, стучит в дверь и кричит:

– **Открывайте** скорее, я вам от вашей дочки пирожки принёс.

Услышали собаки крик медведя и бросились на него. Медведь испугался, бросил корзину и убежал в лес.

Вышли старик со старухой из дома, взяли корзину, а в корзине Маша сидит и смеётся.

Упражнение 22 (для контроля). *Выберите из скобок глаголы нужного вида и употребите их в повелительном наклонении. Объясните свой выбор.*

1. Если вы будете в Ялте, обязательно (посещать—посетить) дом А.П. Чехова. 2. Регулярно (посещать—посетить) лекции. 3. (Писать—написать) чаще, не (забывать—забыть) меня. 4. Не (забывать—забыть) выключить газ, когда будешь уходить из дома. 5. (Выписывать—выписать) незнакомые слова из текста и (переводить—перевести) их на родной язык. 6. (Обращаться—обратиться) ко мне по имени и отчеству. 7. (Вставать—встать) уже 10 часов утра. 8. (Готовить—приготовить) ручки и тетради, сейчас мы будем писать диктант. Итак, готовы? (писать—написать). 9. Ты едешь за город? Не (забывать—забыть) куртку, в лесу может быть прохладно. 10. Не (выключать—выключить) радио, я жду сообщения о результатах выборов. 11. (Говорить—сказать), пожалуйста, медленнее, я плохо понимаю по-английски. 12. Эта книга мне дорога как память о друге, не (терять—потерять) её, пожалуйста.

Глава IV. УПОТРЕБЛЕНИЕ ГЛАГОЛОВ НСВ И СВ В ФОРМЕ ИНФИНИТИВА

Н С В	С В
1. Можете **отдыхать** 15 минут.	4. Вам надо **отдохнуть**, а потом продолжите работу.
2. Вам следует чаще **отдыхать**.	
3. Урок окончен. Можете **отдыхать**.	

Комментарий

> Глаголы НСВ в форме инфинитива могут употребляться для передачи 1) действия в его развитии (пример 1), 2) повторяющегося действия (пример 2), 3) побуждения к началу действия (пример 3); глаголы СВ – для передачи результативного, законченного действия (пример 4).

П р и м е ч а н и е. Употребление видов глагола в форме инфинитива и в повелительном наклонении совпадают.

Упражнение 1. *Прочитайте предложения. Определите вид выделенных глаголов и объясните их употребление.*

1. Можете спокойно **выбирать** книги, до закрытия библиотеки ещё много времени. 2. Я вам всегда советую **выбирать** книги по алфавитному каталогу. 3. Вот меню, можете **выбирать**. 4. Сегодня вы должны **выбрать** тему для своего доклада, завтра будет уже поздно. 5. У меня есть ещё пять минут. В течение этого времени можете **задавать** мне вопросы. 6. Вы должны **задавать** вопросы преподавателю каждый раз, когда не понимаете его объяснения. 7. Лекция окончена. Можете **задавать** мне вопросы. 8. Можно **задать** вам один вопрос?

Упражнение 2. *Употребляя глаголы НСВ и СВ в форме инфинитива в сочетании с такими словами, как* **должен, надо, можете, прошу, советую, пора** *и т.п., подберите к данным предложениям синонимичные. Используйте образец.*

О б р а з е ц :   Слушайте новости по радио каждый день. Вы **должны слушать** новости по радио каждый день.

1. Всегда мойте руки перед едой. 2. Закройте, пожалуйста, дверь, в коридоре слишком шумно. 3. – Можно позвонить от вас? – Звоните, телефон свободен. 4. Во время перерыва сотрите, пожалуйста, с доски. 5. Бегайте по утрам, это полезно для здоровья. 6. Говорите тише. 7. Накройте на стол до прихода гостей. 8. Все покупки перед отъездом сделаны, укладывай вещи. 9. Все собрались. Начинайте собрание. 10. Пишите аккуратнее. 11. Обед готов, накрывай на стол. 12. Повторяйте предложения громче. 13. Фильм кончился, выходите из зрительного зала. 14. С вас 25 рублей, платите в кассу.

Упражнение 3. *Употребляя глаголы НСВ и СВ в форме инфинитива, закончите данные высказывания. Укажите возможные варианты. Используйте слова для справок.*

1. Я не могу сегодня заниматься, потому что плохо себя чувствую. Можно мне ... . 2. Уже 2 часа. Я хочу есть. Пора ... . 3. Вы делаете много ошибок в диктантах. Советую вам ... . 4. Вы прочитали книгу? Надо ... . 5. Все студенты уже заняли свои места в экскурсионном автобусе. Можно ... . 6. Скоро начнётся по телевизору моя любимая передача. Пора ... . 7. Автобус подошёл. Можете ... . 8. Я плохо слышу. Прошу вас ... . 9. Молоко полезно для здоровья. Советую вам чаще ... . 10. У тебя высокая температура. Ты должен немедленно ... . 11. Что же вы замолчали? Можете ... . 12. Занятия закончились. Можно ... . 13. Скоро начнутся экзамены. Я должен ... . 14. Я не понимаю эту задачу. Прошу вас ... .

С л о в а   д л я   с п р а в о к : объяснять—объяснить, уходить–уйти, возвращать—вернуть, продолжать—продолжить, вызывать—вызвать, отправляться—отправиться, включать—включить, входить—войти, пить—выпить, повторять—повторить, обедать—пообедать, готовиться—подготовиться, писать—написать.

НСВ	СВ
Он **начал** (**продолжал, перестал, устал, передумал**) **писать** статью.	Он не **успел написать** статью.
Друг **отговорил** его **писать** статью.	Он **забыл написать** упражнение.
Он **умеет** (**привык, научился**) **писать** по-французски статью.	Ему **осталось написать** упражнение.
Ему **надоело** (**расхотелось**) **писать** статью.	Ему **удалось написать** интересную статью.

Комментарий

> Глаголы НСВ в форме инфинитива обычно употребляются в сочетании с глаголами, обозначающими: 1) начало, продолжение, конец действия (**начать, стать, продолжать, кончить, перестать, прекратить** и т. д.); 2) желание говорящего прекратить действие (**надоесть, устать, расхотеть, отговорить, передумать** и др.); 3) умение, навык (**уметь, научиться, привыкнуть** и др.) После таких глаголов, как **успеть, забыть, остаться, удаться** – инфинитив СВ.

П р и м е ч а н и е . Обратите внимание на то, что глаголы **надоесть, расхотеться, остаться и удаться** – безличные, поэтому совершающее действие, как правило, употребляется в форме дательного падежа.

Упражнение 4. *Прочитайте предложения. Определите вид выделенных глаголов и объясните их употребление.*

1. Профессор **кончил читать** лекцию в два часа дня. 2. Он **продолжал говорить**, но никто уже его не слушал. 3. Детям **надоело смотреть** телевизор, и они **стали играть**. 4. Моя младшая сестра **научилась читать** в пять лет. 5. Два года назад мой отец **бросил курить**. 6. Моя мать привыкла поздно **ложиться спать**. 7. Художник **успел закончить** свою работу в срок. 8. Я **забыл выучить** слова к песне. 9. Твоему сыну

удалось поступить на юридический факультет? 10. Я выполнил почти всё домашнее задание. Мне осталось только **повторить** даты рождения и смерти великих русских писателей.

Упражнение 5. *Используя глаголы НСВ и СВ в форме инфинитива, закончите данные предложения.*

1. В воскресенье я хотел поехать на экскурсию. Но потом мне расхотелось ... . 2. Мой самый любимый музыкальный инструмент – гитара. Наконец я научился ... . 3. Я боялся, что опоздаю. Но всё-таки успел ... . 4. Сестра просила меня позвонить ей в субботу, но я, к сожалению, забыл ... . 5. Он хотел поступить в медицинский университет, но потом передумал ... . 6. Он очень боялся, что не поступит в университет, но к, счастью, ему удалось ... . 7. Работа на заводе начинается в шесть часов утра, поэтому мой брат привык ... . 8. Я больше не собираю марки, мне надоело ... . 9. Я купил всё, что просили друзья, однако мне осталось ... . 10. – Вы всё ещё изучаете русский язык? – Да, я продолжаю ... . 11. – Вы хорошо фотографируете? – Да, я научился ... . 12. – Вы всё выполнили? – Нет, мне осталось ... .

Упражнение 6. *Используя глаголы НСВ и СВ в форме инфинитива, ответьте на данные вопросы.*

1. Вы давно изучаете русский язык?

2. Вы изучаете русский язык пять месяцев. Что вы умеете?

3. Вы уже больше не занимаетесь русским языком?

4. Вы ещё хотите поступить на биологический факультет?

5. На какие дела вам сегодня не хватило времени?

6. Какие у вас привычки?

7. Почему вы не принесли фотографии?

8. Какие дела вы оставили на вечер?

9. Вы хотели переехать в другой город. Вы передумали?

10. Какие дела вы сегодня успешно завершили?

11. От каких дел вы устали и больше не хотите ими заниматься?

12. Почему вы не позвонили мне?

Упражнение 7. *Употребляя глаголы НСВ и СВ в форме инфинитива, расскажите, как прошёл какой-нибудь один день в вашей жизни. Используйте слова для справок.*

С л о в а д л я с п р а в о к : начать, продолжать, перестать, надоесть, устать, передумать, успеть, забыть, удаться, остаться.

Н С В	С В
На втором этаже есть комната отдыха. Во время перерыва студенты могут там **отдыхать**.	На втором этаже есть комната отдыха. Если вы хотите, вы всегда можете там **отдохнуть**.

Комментарий

Глаголы НСВ в форме инфинитива, как уже отмечалось, могут указывать на регулярную, систематическую повторяемость действия; глаголы СВ – на потенциально возможную повторяемость действия, которая в определённых обстоятельствах, при определённых условиях может проявиться время от времени, от случая к случаю или однократно.

Упражнение 8. *Прочитайте предложения. Определите вид выделенных глаголов и объясните их употребление.*

1. Студенты всегда могут **брать** книги в библиотеке. 2. Если понадобится, студенты всегда могут **взять** в библиотеке необходимую им книгу, журнал или газету. 3. Вы можете **заходить** ко мне по субботам. 4. Если у вас возникнет какая-нибудь проблема, вы можете **зайти** ко мне в любое время, я всегда дома. 5. По воскресеньям мы смотрим видеофильмы. Если хотите, можете **смотреть** видеофильмы вместе с нами. 6. В институте имеется большая видеотека. Студенты всегда могут **посмотреть** интересующий их фильм. 7. В этом магазине всегда свежие продукты, здесь можно **делать** покупки. 8. На нашей улице открыли новый универсам, там всегда можно **сделать** какую-нибудь интересную покупку.

Упражнение 9. *Употребляя глаголы СВ в форме инфинитива в сочетании со словами* **всегда** *и* **мочь**, *скажите, какими удобствами вы можете пользоваться в данных случаях. Используйте образец и слова для справок.*

О б р а з е ц : В учебном корпусе института работает столовая. Там всегда можно **пообедать**.

1. В квартирах общежития на Шаболовской улице есть кухни. 2. В общежитии есть душ. 3. В общежитии на первом этаже есть телефон. 4. В общежитии есть буфет. 5. При общежитии есть прачечная. 6. Недалеко от общежития есть химчистка. 7. Недалеко от общежития находится киоск. 8. Рядом с общежитием находится мастерская «Ремонт часов».

С л о в а д л я с п р а в о к : купить, починить, приготовить, принять душ, позвонить, позавтракать, почистить, постирать.

Упражнение 10. *Используя глаголы в форме инфинитива, закончите данные высказывания по образцу.*

О б р а з е ц : В Москве в Лаврушинском переулке находится Третьяковская галерея. Там ... .

Там вы можете **познакомиться** с творчеством русских художников.

1. На Театральной площади находится Большой театр. 2. На Новом Арбате находится дом книги. 3. На площади Маяковского находится Концертный зал им. П.И.Чайковского. 4. В Лужниках находится Центральный московский стадион. 5. На Тверской улице находится Центральный телеграф. 6. В Останкинской телебашне на высоте 337 метров находится ресторан «Седьмое небо». 7. На Манежной площади находится Центральный выставочный зал Москвы. 8. На Воздвиженке находится Центральная библиотека Москвы.

Упражнение 11. *Используя глаголы в форме инфинитива, придумайте рекламу по образцу.*

О б р а з е ц : Ресторан.

Посетите наш ресторан! У нас вы всегда можете **попробовать** лучшие блюда русской национальной кухни!

1. Магазин. 2. Клуб. 3. Кинотеатр. 4. Дискотека. 5. Гостиница. 6. Парикмахерская. 7. Кафе. 8. Парк.

Упражнение 12. *Используя глаголы в форме инфинитива, составьте рекламу-приглашение в свой родной город, расскажите о всех его достопримечательностях и возможностях для его гостей.*

О б р а з е ц : Приезжайте в мой родной город! Вы всегда можете **остановиться** у меня или в центральной гостинице. В этой гостинице есть все удобства. Вы всегда можете **снять** номер ...

Упражнение 13. *Прочитайте текст. Определите вид выделенных глаголов и запомните их употребление. Перескажите текст.*

ТРЕТЬЯКОВСКАЯ ГАЛЕРЕЯ

Третьяковская галерея – это крупнейший художественный музей мира, в котором собраны лучшие произведения русской живописи, скульптуры и графики с XI века до наших дней.

Она носит имя П.М. Третьякова, так как именно он основал эту галерею. 36 лет П.М. Третьяков собирал картины русских художников, а в 1892 году подарил свою коллекцию Москве, потому что хотел создать музей национального искусства не только для специалистов, но и для просвещения народа.

В Третьяковской галерее **можно познакомиться** со всеми периодами развития русского искусства. Здесь **можно увидеть** произведения замечательных русских художников: К.П. Брюллова, А.А. Иванова, П.А. Федотова, В.Г. Перова, И.Е. Репина, В.И. Сурикова, В.М. Васнецова и многих других.

Здесь вы **можете** много **узнать** о традициях иконописи, **увидеть** всемирно известную икону «Троица», которую написал А. Рублёв.

В Третьяковской галерее вы **можете** не только **получить** эстетическое удовольствие, но и лучше **понять** русскую историю и культуру.

Здесь вы **сможете постоять** и **подумать** над картинами жанрового характера, **насладиться** пейзажами русской природы, **удивиться** красоте морской стихии, **пофилософствовать** над картинами М.А. Врубеля.

Упражнение 14. *Используя глаголы в форме инфинитива, расскажите о каком-либо музее в вашей стране.*

УПОТРЕБЛЕНИЕ ГЛАГОЛОВ НСВ И СВ В ФОРМЕ ИНФИНИТИВА С ОТРИЦАНИЕМ

Н С В	С В
Нельзя (не надо, не следует) **забывать** своих друзей.	Этого человека *нельзя (невозможно)* **забыть**. Он – яркая запоминающаяся личность.
Не надо **покупать** этот дорогой и немодный костюм.	
В транспорте *нельзя* **курить**.	

Комментарий

> Если отрицание относится к слову, от которого зависит глагол в форме инфинитива, то глаголы НСВ употребляются для передачи нежелательности, ненужности, нецелесообразности или запрещения какого-либо действия; глаголы СВ – для передачи невозможности совершения какого-либо действия.

П р и м е ч а н и е . Глаголы НСВ в форме инфинитива в значении нежелательности, ненужности, нецелесообразности действия, как правило, употребляются в сочетании со словами: *не надо, не нужно, не следует, незачем, не для чего* и т.п. Однако если эти слова употребляются в вопросительном предложении с частицей ли, то необходим инфинитив глагола СВ. (Ср. *Не нужно* **брать** плащ, сегодня хорошая погода. *Не нужно ли* **взять** плащ? По-моему, будет дождь.)

После глагола **хотеть** с отрицанием, как правило, употребляется инфинитив НСВ, указывающий на отсутствие желания, а инфинитив СВ выражает упрёк. (Ср. *Я не хочу* **говорить** с вами. Вы *не хотите* даже **поговорить** со мной.)

После слова *должен* в значении ненужности, запрещения употребляется только инфинитив НСВ (Вы *не должны* **опаздывать** на занятия.), а инфинитив СВ – для выражения предположения. (Он *не должен* **опоздать**.)

Упражнение 15. *Прочитайте предложения. Определите вид выделенных глаголов и объясните их употребление.*

1. Не стоит **приглашать** этого человека на наш вечер. 2. Не стоит **звонить** ему вечером, его не будет дома. 3. Не надо **включать** свет, ещё светло. 4. Нельзя **переходить** улицу на красный свет. 5. Нельзя **принимать** лекарства без рекомендации врача. 6. Не разрешается **уходить** с урока без разрешения учителя. 7. Здесь запрещается **купаться**. 8. Я считаю, что он не прав, и поэтому не хочу **защищать** его. 8. Я не хочу **есть**, потому что недавно обедал. 10. Он не хочет **оставаться** в Москве во время каникул. 11. Невозможно **осмотреть** все залы Третьяковской галереи за час. 12. Невозможно **передать** музыку словами, как бы ни был богат наш язык. 13. Нельзя **простить** предательства.

Упражнение 16. *Используя глаголы НСВ в форме инфинитива в сочетании со словами* **не надо, не стоит,** *подберите синонимы к данным предложениям по образцу.*

О б р а з е ц : Не кричите на детей.

Не надо **кричать** на детей.

1. Не поднимайте слишком тяжёлые вещи. 2. Не спите слишком много. 3. Не волнуйтесь из-за пустяков. 4. Не верьте всему, что вам обещают. 5. Не приглашайте в гости случайных людей. 6. Не оставляйте свои вещи без присмотра. 7. Не судите о людях слишком строго.

Упражнение 17. *Используя глаголы НСВ в форме инфинитива в сочетании со словом* **не надо,** *дайте отрицательные ответы на вопросы по образцу. Аргументируйте свои ответы.*

О б р а з е ц : – Стереть с доски?

– Не надо **стирать**. Этот материал мне ещё будет нужен.

1. Повторить вопрос? 2. Заплатить за вас? 3. Проводить вас к врачу? 4. Принести мел? 5. Объяснить вам, как проехать к университету?

6. Записать вам мой телефон? 7. Научить вас играть в шахматы? 8. Заказать вам такси?

Упражнение 18. *Используя глаголы НСВ в форме инфинитива в сочетании со словами* **запрещается**, **не разрешается** *или* **нельзя**, *ответьте на данные вопросы.*

1. Можно переходить улицу в том месте, где нет перехода? 2. Можно ездить по Москве со скоростью свыше 60 километров в час? 3. Можно входить в столовую в верхней одежде? 4. Можно входить в операционную во время операции? 5. Можно вырывать страницы из библиотечной книги? 6. Можно опаздывать на экзамен? 7. Можно включать радиоаппаратуру на полную громкость поздно вечером? 8. Можно курить на территории, где находятся исторические архитектурные памятники. 9. Можно подсказывать во время экзамена? 10. Можно ездить в городском транспорте без билета?

Упражнение 19. *Используя глаголы НСВ в форме инфинитива, скажите, что запрещается делать:*

1) в метро, 2) в автобусе, 3) в зрительном зале, 4) в музее, 5) на стадионе, 6) на экзамене, 7) в читальном зале, 8) во время приземления самолёта.

Упражнение 20. *Используя глаголы НСВ в форме инфинитива в сочетании со словами* **невозможно** *или* **нельзя**, *ответьте на вопросы.*

1. Можно хорошо сдать экзамен при плохой подготовке? 2. Можно переплыть океан? 3. Можно создать вечный двигатель? 4. Можно изучить иностранный язык за два месяца? 5. Можно забыть родину? 6. Можно выжить без воды и пищи 5 месяцев? 7. Можно всё познать? 8. Можно победить природу? 9. Можно переплыть океан за 1 час? 10. Можно прыгнуть с трамплина неподготовленному лыжнику? 11. Можно прочитать 500 страниц текста за 30 минут? 12. Можно вылечить серьёзное заболевание за 1 день?

Упражнение 21. *Употребляя глаголы НСВ и СВ в форме инфинитива, закончите данные высказывания. Используйте слова для справок.*

1. Здесь у реки слишком быстрое течение. Без лодки её нельзя ... . 2. – Пожалуйста, тише, идёт экзамен. Нельзя громко ... . 3. Я могу всё сделать сам. Не надо мне ... . 4. – Вы потеряли библиотечную книгу?! Нельзя ... . 5. Вас обманули? Нельзя всем ... . 6. Чемодан слишком тяжёлый. Его нельзя ... . 7. У тебя больное сердце, а чемодан тяжёлый. Тебе нельзя ... . 8. Стихотворение очень большое и сложное по содержанию. Его нельзя быстро ... . 9. Дети устроили пожар, потому что с ними не было взрослых. Нельзя без присмотра ... . 10. Вы ужинаете слишком поздно, это очень вредно. Не надо ... . 11. У вас слабое здоровье. Нельзя так много ... . 12. Телефон всё время занят. Нельзя ... .

С л о в а   д л я   с п р а в о к : работать, верить—поверить, переплывать—переплыть, терять—потерять, учить—выучить, поднимать—поднять, оставлять—оставить, помогать—помочь, дозваниваться—дозвониться, говорить—сказать, ужинать—поужинать.

Упражнение 22. *Используя глагол* **хотеть** *в сочетании с инфинитивом НСВ, дайте отрицательные ответы на вопросы по образцу. Аргументируйте свои ответы.*

О б р а з е ц : – Вы закроете окно на ночь?

– Я **не хочу закрывать** окно на ночь, в комнате очень душно.

1. Вы пообедаете с нами? 2. Вам налить чая? 3. Вы хотите переехать в другое общежитие? 4. Вы собираетесь бросить учёбу? 5. Вы поедете с нами на экскурсию? 6. Вы будете поступать в магистратуру. 7. Вы примете участие в нашем семинаре? 8. Вы собираетесь покупать автомобиль? 9. После окончания университета вы поступите на работу или будете продолжать учёбу? 10. Во время зимних каникул вы поедете на родину?

Упражнение 23. *Посмотрите внимательно на данный рисунок.*
a) *Прочитайте к нему текст, выбирая из скобок глаголы нужного вида.*

Одна пожилая женщина стояла у края тротуара. Она ждала, когда (будет загораться—загорится) зелёный свет, чтобы перейти дорогу. В это время на дороге было большое движение. Вдруг она (видела—увидела), что какой—то мальчик (перебегал—персбежал) дорогу. Она испугалась: мальчик мог (гибнуть—погибнуть). Когда он (перебегал—перебежал) дорогу она ему сказала: – Нельзя (переходить—перейти) улицу на красный свет. Ты мог (попадать—попасть) под машину.

Машина могла (давить—задавить) тебя. Ты мог (оставаться—остаться) без ног! Ты мог даже (умирать—умиреть)! Сказав это, она шагнула на дорогу, не посмотрев на светофор. В это время горел красный свет, и старушка (попадала—попала) под машину.

б) *Используя инфинитивные конструкции, ответьте на вопросы.*

1. Что бы вы сказали родителям такого мальчика?

2. Что бы вы сказали этой старушке?

Н С В	С В
Он решил **не выступать** на собрании.	
Вы можете **не отвечать** на этот вопрос.	Вы можете **не ответить** на этот вопрос.
	Прошу вас **не потерять** библиотечную книгу.

Комментарий

> Если отрицание стоит перед инфинитивом, то инфинитив НСВ может употребляться 1) после глаголов со значением *прийти к решению, мнению, заключению* (**решить, согласиться, собираться, хотеть** и др.), а также 2) при указании на ненужность действия с оттенком разрешения; инфинитив СВ — 1) для выражения предположения, что результат действия может отсутствовать, 2) для предостережения от нежелательного действия.

Упражнение 24. *Прочитайте предложения. Определите вид выделенных глаголов и объясните их употребление.*

1. Он решил **не брать** отпуск. 2. Он обещал **не говорить** о случившемся. 3. Он хотел больше **не дружить** с Борисом. 4. Вы можете **не переводить** вторую часть текста. 5. Вы можете **не приходить** на консультацию. 6. Вы можете **не решать** эту задачу. 7. Она может **не получить** визу. 8. Прошу вас **не разбить** этот прибор. 9. Она может **не купить** эту книгу.

Упражнение 25. *Используя инфинитивные конструкции с частицей* **не** *перед инфинитивом НСВ, дайте отрицательные ответы по образцу. Аргументируйте свои ответы.*

О б р а з е ц : – Вы решили перейти на другой факультет?

– Нет, я решил **не переходить** на другой факультет. Мне интересно учиться здесь.

1. Вы решили уйти с работы? 2. Вы решили изучить эсперанто? 3. Вы решили лечь в больницу? 4. Вы решили поступить в аспирантуру? 5. Вы решили поехать на Кавказ? 6. Вы решили завести собаку? 7. Вы решили рассказать о случившемся? 8. Вы решили выступить на студенческом вечере? 9. Вы решили бросить курить? 10. Вы решили переехать в другой город?

Упражнение 26. *Используя глагол* **мочь** *в сочетании с частицей* **не** *перед инфинитивом НСВ, дайте отрицательные ответы по образцу. Аргументируйте свои ответы.*

О б р а з е ц : – Купить новый учебник?

– Можете **не покупать**. Он есть в библиотеке.

1. Повторить вопрос? 2. Написать объявление о собрании? 3. Объяснить это правило ещё раз? 4. Составить план рассказа? 5. Напомнить вам об экскурсии? 6. Передать привет от вас вашей подруге? 7. Закрыть аудиторию на ключ? 8. Я должен прийти на консультацию? 9. Я обязан принести медицинскую справку? 10. Я должен обязательно поехать на эту экскурсию?

Упражнение 27. *Используя глагол* **мочь** *в сочетании с частицей* **не** *перед инфинитивом СВ, дайте отрицательные ответы по образцу. Аргументируйте свои ответы.*

О б р а з е ц : – Он обязательно придёт на встречу?

– Я боюсь, что он может **не прийти**. Он очень занят.

1. Он закончил работу в срок? 2. Ты позвонишь мне сегодня вечером? 3. Этот шахматист выиграет партию у Каспарова? 4. Она напечатает вашу статью вовремя? 5. Он починит ваши часы? 6. Он успеет подготовиться к докладу? 7. Он выполнит своё обещание? 8. Она переведёт

эту статью? 9. Этот врач вылечит больного? 10. Этот студент сдаст экзамен по русскому языку?

Упражнение 28. *Прочитайте предложения. Выберите из скобок глагол нужного вида.*

1. Сейчас плохая погода. На даче холодно, поэтому вы можете не (приезжать—приехать) к нам в воскресенье. 2. Я пригласил Антона в гости, но он может не (приезжать—приехать), так как у него много разных дел. 3. Мой друг решил не (сдавать—сдать) экзамены в этом году, потому что хочет повторить курс. 4. Виктор решил не (отвечать—ответить) на письма Анны, потому что обиделся на неё. 5. Он может не (отвечать—ответить) на моё письмо, по-моему, я забыла на конверте написать обратный адрес. 6. Вы можете не (отвечать—ответить) мне, это необязательно. 7. Вы можете не (снимать—снять) пальто, в кинотеатр можно входить в верхней одежде. 8. Я решил не (уезжать—уехать) из Москвы во время каникул, так как мои родители собирались приехать ко мне.

Упражнение 29. *Прочитайте рассказ. Определите вид выделенных глаголов и объясните их употребление. Перескажите текст.*

ГУТТАПЕРЧЕВЫЙ МАЛЬЧИК

Это было в старой России. В одном небольшом городе жил мальчик. Его звали Петя. Ему было 7 лет. Вскоре его родители умерли, и он остался один. Одна бедная женщина по имени Варвара взяла мальчика к себе. Она стирала бельё артистам цирка и получала мало денег и поэтому не могла **прокормить** мальчика. Тогда Варвара решила **отвести** Петю к акробату Беккеру.

Беккер сидел за столом. Перед ним стояли бутылки с вином. Варвара сказала Беккеру:

– Здравствуйте, Карл Богданович! У этого мальчика нет родителей. Мне жаль его. Я прошу вас **помочь** ему.

– Хорошо, – ответил Беккер, – но надо **раздеть** его: я должен **осмотреть** его.

Он сел рядом и стал **осматривать** мальчика. Он хотел **узнать**, сможет ли Петя стать акробатом. Ребёнку стало больно и страшно, и он заплакал. Варвара знала, что Беккер плохой человек, и ей было жаль **отдавать** мальчика Беккеру, но она не могла **кормить** Петю и надеялась, что у Беккера ему будет лучше, чем у неё.

Беккеру был нужен мальчик-акробат, и он решил **взять** Петю. Но Петя не хотел **оставаться** у акробата. Варвара успокаивала его и всё время повторяла:

– Не надо **бояться**! Всё будет хорошо!

Акробат начал **учить** мальчика и был доволен им, потому что Петя был способным, лёгким и гибким, как гуттаперчевый. Беккер думал, что мальчик скоро сможет **выступать** в цирке, но надо много **работать**, потому что Петя ещё не умеет **делать** многих акробатических упражнений. Когда ребёнок не мог **сделать** какое-нибудь упражнение, Беккер больно бил его. Артисты часто говорили Беккеру, что нельзя **бить** ребёнка, но он продолжал **наказывать** его за каждую ошибку.

Клоуну Эдварсу тоже не нравилось, что Беккер каждый день бьёт мальчика, и он решил **поговорить** с ним. Он сказал ему, что страх делает человека трусом, а это самое опасное для артиста цирка. Эдварс стал **помогать** Пете: он показывал ему, как нужно **делать** упражнение, и Петя делал его легко и быстро. Скоро Петя научился **висеть** на палке вниз головой, но ещё не мог **висеть** долго.

Наконец наступил день, когда афиши сообщили о выступлении гуттаперчевого мальчика.

Началось выступление. Заиграла музыка. На арену вышли акробат Беккер и мальчик, которого называли гуттаперчевым. Два человека принесли на арену палку длиной пять метров и отдали её Беккеру. Он поднял палку и стал **держать** её, но палка немного качалась, потому что у акробата дрожали руки от выпитого днём вина. Мальчик встал на плечи акробата и стал быстро **подниматься** вверх. Когда он поднялся, зрители начали **аплодировать** ему. Но Петя ничего не слышал. Он думал, что Беккер опять будет недоволен и побьёт его.

Он стал делать воздушные упражнения. Все аплодировали, и никто не обращал внимания на то, что палка качалась. Зрители думали, что так и должно быть.

Петя начал **делать** самое трудное упражнение. Надо было **спускаться** по палке головой вниз. Петя начал медленно **спускаться**, а палка стала **качаться** всё сильнее и сильнее. Пьяный Беккер не мог больше **удерживать** палку и тихо сказал Пете:

– Спускайся, быстрее, идиот.

Эдварс, который смотрел это выступление, вдруг всё понял и побежал на арену. Но было поздно. Петя упал. Он был без сознания. На арене стоял Эдварс и тихо плакал. Ночью маленький Петя умер.

(По рассказу В.Г. Короленко)

Упражнение 30 (для контроля). *Прочитайте предложения. Выберите из скобок глагол нужного вида. Укажите возможные варианты.*

1. Надвигается гроза. Удастся ли туристам (возвращаться—возвратиться) до дождя? 2. Николай кончил (говорить—сказать), снял очки и вытер их. 3. Я не хотел (тратить—потратить) время напрасно и предложил моим спутникам (собираться—собраться) в дорогу. 4. Он непременно хотел стать героем и для этого был готов (делать—сделать) любое, самое страшное, что могли ему предложить. 5. Ядра, которые лежат на территории Кремля около царь-пушки, весят целую тонну каждое, и ни один человек не сможет (поднимать—поднять) их. 6. Он не научился (скрывать—скрыть) душу за бесстрастной маской. 7. Есть такие минуты тишины, их никогда невозможно (забывать—забыть). 8. В 12 часов ночи гости стали (расходиться-разойтись). 9. Это лекарство надо (принимать—принять) натощак. 10. Нельзя слишком строго (наказывать—наказать) детей. 11. Вечером я получил записку от товарища, в которой он просил меня не (приезжать—приехать) к нему, так как он срочно уезжает в командировку. 12. Здесь нельзя (проезжать—проехать), дорогу занесло снегом. 13. Он не успел мне (отвечать—ответить), как в комнату вошёл человек небольшого роста. 14. Очень жаль, что могу не (вспоминать—вспомнить) всех деталей этого события, всё произошло слишком быстро. 15. Не стоит в такую ветреную

погоду (отправляться—отправиться) в поход.16. Не всем пловцам удалось (добираться—добраться) до берега. 17. Колокольня Иван Великий была сторожевой башней, с её высоты всегда можно было (видеть—увидеть) врагов. 18. Если вам не нужен диплом, вы можете не (сдавать—сдать) экзамены. 19. На твоё поведение я не могу (смотреть—посмотреть) равнодушно. 20. Не надо (вызывать—вызвать) врача, больному стало лучше. 21. Вы родились в такой стране, где каждый может (получать—получить) образование. 22. Я не хотел (рассказывать—рассказать) тебе об этом, потому что был не уверен, что ты поймёшь меня. 23. Крепостные стены всегда (строить—построить) так, чтобы вражеские пушки не могли (пробивать—пробить) их. 24. Невозможно в двух словах (рассказывать—рассказать), как снимается фильм. 25. В древней Москве на Красной площади можно было (покупать—купить) любые товары. 26. С помощью обычных овощей можно (лечить—вылечить) некоторые болезни. 27. От людей можно (избавляться—избавиться), от их идей – нельзя.

Глава V. УПОТРЕБЛЕНИЕ ГЛАГОЛОВ НСВ И СВ В СЛОЖНОПОД-ЧИНЕННЫХ ПРЕДЛОЖЕНИЯХ ВРЕМЕНИ

1. Когда преподаватель **объяснял** новый материал, студенты внимательно **слушали** его. (НСВ + НСВ)

2. Когда преподаватель **объяснял** новый материал, **вошёл** опоздавший студент. (НСВ + СВ)

   Когда преподаватель **вошёл** в аудиторию, студенты уже **ждали** его. (СВ + НСВ)

3. Когда преподаватель **объяснил** студентам новый материал, студенты **стали** задавать ему вопросы. (СВ + СВ)

4. Каждый раз, когда преподаватель **входил** в аудиторию, студенты **вставали**. (НСВ + НСВ)

Комментарий

При сообщении о двух длительных действиях, полностью совпадающих во времени, в главной и придаточных частях употребляются глаголы НСВ (*НСВ + НСВ = полная одновременность действий*).

При сообщении об одном длительном действии, в один из моментов которого происходит другое недлительное действие, употребляются глаголы *НСВ + СВ* или *СВ + НСВ* (*частичная одновременность действий*).

При сообщении о том, что действие главного предложения следует за действием придаточного предложения, в обеих частях сложного предложения употребляются глаголы СВ (*СВ + СВ = последовательность действий*).

При указании на повторяемость действий употребляются глаголы НСВ и в главной и в придаточных частях предложения (*НСВ + НСВ = повторяемость действий*).

Упражнение 1. *Прочитайте предложения. Определите вид выделенных глаголов и объясните их употребление.*

1. Когда К.П. Брюллов **писал** свой автопортрет, он **был** уже тяжело болен. 2. Когда мы **возвращались** домой, **шёл** сильный дождь. 3. Когда мы **ехали** на станцию, ярко **светило** солнце. 4. Когда А.А. Иванов **работал** над картиной «Явление Христа народу», он **написал** более 600 этюдов. 5. Когда Ф.М. Достоевский **выступал** на открытии памятника А.С. Пушкину, его речь **потрясла** собравшихся своей силой и мощью. 6. Когда в 1714 году М.В. Ломоносов **вернулся** в Россию, он **начал** работать в Академии наук. 7. Когда у мальчика **появился** интерес к живописи, отец **пригласил** ему учителя по рисованию. 8. Когда Д.И. Менделеев **входил** в аудиторию, молодёжь **встречала** его аплодисментами. 9. Когда он **приходил** к нему, он всегда **заставал** его за работой.

Упражнение 2. *Прочитайте предложения. Выберите из скобок глагол нужного вида.*

1. Когда Д.И. Менделееву (исполняться—исполниться) 16 лет, он (оканчивать—окончить) гимназию и (поступать—поступить) на физико-математический факультет Петербургского педагогического института. 2. Художник-передвижник П.А. Федотов ещё учился в Московском кадетском корпусе, когда (начинать—начать) рисовать. 3. Князь Дмитрий родился и рос, когда Русь уже более 100 лет (платить—заплатить) дань татаро-монголам. 4. Когда К.Э. Циолковский (сдавать—сдать) выпускные экзамены, он стал учителем. 5. Когда Д.И. Менделеев изучал метеорологию, он (строить—построить) аэростат, на котором совершил полёт, чтобы увидеть солнечное затмение. 6. Когда Каратеев (сосед известного русского писателя И.С. Тургенева) собирался уходить на войну, он (передавать—передать) И.С. Тургеневу маленькую тетрадь, в которой рассказал историю своей любви. 7. Николай за-

нимался в библиотеке, когда (готовиться—подготовиться) к экзаменам. 8. Когда Виктор уходил на занятия в университет, вдруг (звонить—зазвонить) телефон. 9. С X века до 1492 года на Руси новый год начинался 1 марта, когда (пробуждаться—пробудиться) природа. 10. Когда в начале 1871 года появилась на выставке картина И.Е. Репина «Бурлаки», она (поражала—поразила) всех.

Упражнение 3. *Закончите данные предложения. Следите за употреблением видов глаголов.*

1. Когда спортсмен бежал, он ... . 2. Когда спортсмен пришёл к финишу первым, ... 3. Спортсмен упал, когда ... . 4. Ребёнок пролил сок, когда ... . 5. Когда Виктор защитил диссертацию, ... 6. Каждый раз, когда он опаздывал на урок, ... 7. Когда альпинисты поднимались на гору, ... 8. Когда альпинисты поднялись на гору, ... 9. Когда путешественники плыли на лодках вниз по реке, ... 10. Когда путешественники проплыли километра три, ... 11. Когда он выходил из дома, ... 12. Когда он вышел из дома, ... 13. Когда преподаватель проверял контрольные работы студентов, ... 14. Когда преподаватель проверил контрольные работы студентов, ...

Упражнение 4. *Используя сложноподчинённые предложения времени, ответьте на данные вопросы по образцу. Следите за употреблением видов глаголов.*

О б р а з е ц : – Когда вы позвонили другу?

– Я позвонил другу, когда **вернулся** домой после занятий.

1. Когда вы потеряли библиотечную книгу? 2. Когда вы получили диплом? 3. Когда вы наслаждались прекрасной музыкой? 4. Когда и где вы изучали английский язык? 5. Когда вы помогали другу? 6. Когда вы поступили на работу? 7. Когда вы поздравляете своих родных и друзей? 8. Когда дети в вашей стране начинают учиться в школе? 9. Когда вы поступили в МГУ?

1. *Пока* студенты **писали** сочинение, преподаватель **проверял** их домашнее задание. (НСВ + НСВ)

2. Преподаватель **проверил** домашнее задание студентов, *пока* они **писали** сочинение (СВ +НСВ).

Комментарий

В сложноподчинённых предложениях с союзом *пока* употребляются глаголы НСВ, если действия, о которых идёт речь в главной и придаточной части предложения, полностью совпадают во времени (*НСВ + НСВ*); если же действие, о котором говорится в главной части предложения, частично совпадает с действием, о котором сообщается в придаточной части, то сказуемое главной части употребляется в СВ, а сказуемое придаточной – в НСВ (*СВ + НСВ*).

Упражнение 5. *Прочитайте предложения. Определите вид выделенных глаголов и объясните их употребление.*

1. Пока царь Иван IV **был** несовершеннолетним, страной **управляла** боярская дума. 2. Капитан **наблюдал** за пловцами в бинокль, пока они **плыли** к берегу. 3. Он **спал** всю дорогу, пока мы **ехали** в лагерь альпинистов. 4. Пока Иван IV **готовился** к походу на Казань, он **собрал** большое войско – 150 тысяч человек. 5. Пока мы **бежали** до беседки, **промокли** до нитки. 6. Пока он **принимал** душ и **одевался**, мать **приготовила** ему кофе и гренки.

Упражнение 6. *Выберите из скобок глагол нужного вида. Укажите возможные варианты.*

1. Пока он был на войне, невеста (ждать—подождать) его. 2. Пока отец воевал, его сын совсем (расти—вырасти). 3. Он всегда (побеждать—победить) на всех конкурсах, пока (верить—поверить) в себя. 4. Пока Анна занималась своими делами на кухне, я (собираться—собраться) с мыслями и (готовиться—подготовиться) к разговору. 5. Пока дул северный ветер, лес глухо (шуметь—зашуметь). 6. Он не спускал с них глаз, пока они (подниматься—подняться) в гору. 7. Пока

брат ходил в магазин, я (успевать—успеть) приготовить лёгкий ужин. 8. Пока мы (спорить—поспорить), фильм кончился. 9. Пока я (писать—написать) диктант, я (делать—сделать) несколько ошибок. 10. Пока младший брат (решать—решить) задачи по физике, Виктор (помогать—помочь) ему. 11. Пока младший брат (решать—решить) задачи по физике, Виктор (переводить—перевести) рассказ. 12. Пока я (укладывать—уложить) вещи в дорогу, мой друг (звонить—позвонить) и (заказывать—заказать) такси на 6 часов вечера.

Упражнение 7. *Используя сложноподчинённые предложения с союзом* **пока**, *ответьте на данные вопросы по образцу. Следите за употреблением видов.*

О б р а з е ц : – Сколько времени дети сидели у телевизора?
– Дети сидели у телевизора, пока показывали мультипликационный фильм.

1. Сколько времени ваш друг жил в общежитии МГУ? 2. Сколько времени ваш знакомый лежал в больнице? 3. Когда вы успели просмотреть газету? 4. Сколько времени вы слушали радио? 5. Вы волновались во время экзаменов? 6. Сколько времени он пользовался студенческой библиотекой? 7. Когда студенты отдыхали? 8. Вы внимательно слушали объяснение преподавателя?

Студенты **писали** контрольную работу, *пока не* **зазвонил** звонок.

Мальчик **повторял** стихотворение, *до тех пор пока не* **запомнил** его.

Комментарий

В придаточных предложениях с союзами **пока не** и **до тех пор пока не** в главной части, как правило, употребляются глаголы НСВ, а в придаточной – глаголы СВ, так как действие придаточного является временным пределом для действия главного предложения. (Он **походил** по комнате, *пока не* успокоился.)

П р и м е ч а н и е . Обратите внимание на то, что в главной части данного типа сложного предложения могут употребляться глаголы СВ, указывающие на ограниченность длительности действия. Это, в основном, глаголы с приставкой **по-** (**по**читать, **по**ходить, **по**бегать и т. д.).

Упражнение 8. *Прочитайте данные предложения и сравните их. Определите вид выделенных глаголов и объясните их употребление.*

1. Крестьяне работали в поле, пока **было** светло.	Крестьяне работали в поле, пока не **стемнело**.
2. Он принимал лекарство, пока **болел**.	Он принимал лекарство, пока не **поправился**.
3. Студенты отдыхали, пока **продолжался** перерыв.	Студенты отдыхали, пока не **кончился** перерыв.
4. Спортсмен бежал, пока у него **были** силы.	Спортсмен бежал, пока не **упал**.
5. Он спал, пока у него **была** высокая температура.	Он спал, пока не **зазвонил** будильник.

Упражнение 9. *Выберите из скобок глагол нужного вида.*

1. Антон звонил другу весь вечер, пока не (дозваниваться—дозвониться) ему. 2. Виктор не вмешивался, пока друзья (спорить—поспорить). 3. В зале стояла полная тишина, пока (выступать—выступить) ректор. 4. – Поверните направо, потом идите прямо, пока не (видеть—увидеть) станцию метро. 5. Он лежал в больнице, пока (проходить—пройти) обследование. 6. Анна объясняла сыну решение задачи, пока он не (понимать—понять) её. 7. В аудитории была тишина, пока не (заканчиваться—закончиться) лекция. 8. Она укладывала вещи, пока (ждать—подождать) такси. 9. Пока Союз архитекторов (обсуждать—обсудить) проект строительства новой гостиницы, секретарь записывал наиболее интересные предложения. 10. Он работал, до тех пор пока не (переводить—перевести) весь рассказ. 11. Он волновался, пока не (возвращаться—вернуться) дети. 12. Я не знал, как сильно я тебя люблю, пока не (понимать—понять), что я тебя теряю.

Упражнение 10. *Закончите данные предложения. Следите за употреблением видов глаголов. Используйте слова для справок.*

1. Она помогала брату, пока он ... . 2. Она помогала брату, пока он не ... . 3. Отец работал, пока... 4. Отец работал, пока не ... . 5. Виктор сидел перед телевизором, пока ... . 6. Анна сидела перед телевизором,

пока не ... . 7. Дети плавали в реке, пока ... . 8. Дети плавали в реке, пока не ... . 9. Он ходил на занятия, пока не ... . 10. Он жил в Москве, пока не ... .

С л о в а д л я с п р а в о к : оканчивать—окончить, учиться, болеть—заболеть, становиться—стать взрослым, передавать—передать, кончаться—кончиться, быть здоровым, быть тепло, становиться—стать холодно, учить—выучить иностранный язык.

Упражнение 11. *Используя сложноподчинённые предложения с союзами пока или пока не, ответьте на данные вопросы по образцу.*

О б р а з е ц : – Когда вы жили в Москве?
– Я жил в Москве, пока учился в МГУ. Или:
– Я жил в Москве, пока не закончил МГУ.

1. Когда вы учились в МГУ? 2. До каких пор вы учились в МГУ? 3. До каких пор вы принимали лекарство? 4. Когда вы принимали лекарство? 5. Сколько времени вы отдыхали? 6. Сколько времени продолжался урок? 7. До каких пор воспитательница детского сада наблюдала за детьми? 8. Сколько времени воспитательница детского сада наблюдала за детьми? 9. До каких пор он занимался в библиотеке? 10. Когда в зале было темно?

По мере того как солнце **уходило** за горизонт, ночь **опускалась** на землю. (НСВ)

Как только **зашло** солнце, на землю **опустилась** ночь. (СВ)

Комментарий

В сложноподчинённых предложениях с союзом **по мере того как** в главной и придаточной части употребляются глаголы НСВ, так как их действия совпадают не только во времени, но и по темпу развития; в сложноподчинённых предложениях с союзами **как только, только, едва** в главной и придаточной части употребляются глаголы СВ, так как они указывают на то, что действие главного предложения моментально следует за действием придаточного. Исключение могут составлять только повторяющиеся действия.

Упражнение 12. *Прочитайте предложения.. Определите вид выделенных глаголов и объясните их употребление.*

1. По мере того как жара **усиливалась**, **становилось** всё труднее дышать. 2. По мере того как болезнь **развивалась**, больной всё больше и больше **худел**. 3. По мере того как дождь **усиливался**, продвигаться вперёд было всё труднее. 4. Как только взгляды их **встретились**, она **опустила** глаза. 5. Он **проснулся**, как только **зазвонил** будильник. 6. Как только небо **потемнело**, **подул** ветер и **началась** гроза.

Упражнение 13. *Выберите из скобок глагол нужного вида.*

1. По мере того как (приближаться—приблизиться) день отъезда, она всё больше волновалась. 2. Как только пианист закончил своё выступление, (раздаваться—раздаться) громкие аплодисменты. 3. Как только (начинаться—начаться) спектакль, в зале (воцаряться—воцариться) тишина.4. По мере того как (наступать—наступить) вечер, в саду (становиться—стать) прохладно. 5. По мере того как вода в реке (подниматься—подняться) всё выше, надежды на спасение у них (оставаться—остаться) всё меньше. 6. Как только я (видеть—увидеть) друга, я (идти—пойти) ему навстречу. 7. Едва (рассветать—рассвести), мы (отправляться—отправиться) в путь. 8. По мере того как я (входить—войти) в воду, мне (становиться—стать) всё холоднее и холоднее. 9. Как только (звонить—зазвонить) телефон, я (снимать—снять) трубку и (слышать—услышать) голос отца. 10. По мере того как я работал над статьёй, я всё больше (увлекаться—увлечься).

Упражнение 14. *Закончите данные предложения.*

1. Как только он пришёл, ... 2. По мере того как я читал, ... 3. Как только я прочитал, ... 4. По мере того как они поднимались в гору, ... 5. Как только он окончил подготовительный факультет, ... 6. По мере того как аквалангисты опускались на морское дно, ... 7. Как только он узнал о случившемся, ... 8. По мере того как он всё глубже изучал русский язык, ... 9. Как только он получил визу, ... 10. Как только он выступил, ...

Упражнение 15 (*для контроля*). *Выберите из скобок глагол нужного вида и употребите его в прошедшем времени. Объясните свой выбор.*

1. Когда К.Э. Циолковский вернулся из Москвы в Казань, то (сдавать—сдать) экзамены на звание школьного учителя математики и зимой 1880 года (уезжать—уехать) в город Боровск преподавать арифметику и геометрию. 2. Пока Фридрих Цандер делал свои первые исследования в области межпланетных полётов, в Калуге другой учёный, К.Э. Циолковский, уже многое (понимать—понять) и о многом (писать—написать). 3. По мере того как приближалась гроза, (становиться—стать) всё темнее и темнее. 4. Когда он вошёл в кафе, (видеть—увидеть) свободный столик у окна и (занимать—занять) его. 5. Антон ждал Марию в кафе, до тех пор пока его не (закрывать—закрыть). 6. В тот вечер, когда он вернулся домой, жена уже (ждать—подождать) его у двери. 7. Как только девушка вышла из бара, он (отправляться—отправиться) за ней. 8. Когда он впервые стрелял на охоте, он (испытывать—испытать) волнение и страх. 9. Когда он уходил на встречу с партнёром, ему в голову вдруг (приходить—прийти) мысль о бессмысленности всех его стараний.10. По мере того как лыжник подходил к финишу, он (чувствовать—почувствовать), что силы оставляют его. 11. Виктор прочитал весь журнал, пока (ждать—подождать) друга в баре. 12. Как только занавес (опускаться—опуститься), раздались громкие аплодисменты. 13. Никто не обращал внимания на странного человека, пока он не (падать—упасть), потеряв сознание. 14. Альпинист пролежал под снегом несколько часов, пока его не (находить—найти). 15. Он занимался, пока не (уставать—устать). 16. Она слушала радио, пока (передавать—передать) последние известия. 17. Как только кончилась по телевизору программа «Время», (начинаться—начаться) художественный фильм.

Упражнение 16. *Прочитайте текст. Найдите сложноподчинённые предложения времени. Определите вид глаголов в главной и придаточной части, объясните их употребление. Перескажите текст.*

БЛАГОДАРНЫЕ ДЕЛЬФИНЫ

Когда я жил в Анапе на берегу Чёрного моря, я много времени проводил в море: занимался подводным плаванием, охотился за морскими ракушками (рапанами).

Как-то раз (однажды) после небольшого шторма (бури) на берег выбросило маленького дельфина. Когда я подошёл к нему, увидел огромную рану на его теле. Я знал, что на берегу дежурит врач, и позвал его на помощь.

Пока врач делал операцию дельфину, я приготовил для него ванну с морской водой. После того как операция благополучно закончилась, я поместил маленького дельфина в эту ванну.

По мере того как дельфин выздоравливал, я ловил рыбу и кормил его. В это время я часто видел в море двух больших дельфинов, которые плавали недалеко от берега. Так продолжалось несколько дней ...

После того как маленький дельфин наконец выздоровел и окреп, я отпустил его в море. Как только он увидел больших дельфинов, поплыл за ними. Потом они сделали два круга вокруг меня и уплыли в открытое море.

После этого случая я заплывал далеко в море: очень хотел встретить маленького дельфина. Но всё было напрасно!

Однажды я нырнул (ушёл под воду) очень глубоко, увлёкся охотой за рапанами. Через некоторое время я почувствовал, что в лёгких (орган, которым дышат) не осталось воздуха, и я не смогу подняться наверх. Я понял, что я погибаю. И вот, когда в глазах у меня уже потемнело и я стал терять сознание, какая-то сила выбросила меня на поверхность. Через мгновение я пришёл в себя и заметил впереди маленького дельфина и услышал знакомый свист. Когда я обернулся и увидел двух больших дельфинов, я понял, что они спасли мне жизнь.

(По материалам прессы)

Глава VI. ТЕКСТЫ ДЛЯ ПОВТОРЕНИЯ И АКТИВИЗАЦИИ ПРОЙДЕННОГО МАТЕРИАЛА

Задание 1. *Прочитайте шутки. Определите форму и вид выделенных глаголов и объясните их употребление. Перескажите шутки.*

1. Новый русский спрашивает сына-школьника:
   – Сынок, ты за сколько мог бы **прочитать** «Войну и мир» Л.Н.Толстого?
   – За 100 тысяч рублей, папа.

2. – Дорогой, мои кулинарные таланты пока минимальные. Я умею хорошо **готовить** только торт и рыбу.
   – Ничего страшного, со временем ты всему **научишься**. Только, **скажи**, пожалуйста, что сейчас лежит на тарелке, торт или рыба?

3. – Кто **создал** демократию?
   – Бог.
   – Почему?
   – Он **сотворил** Адама, а из его ребра – Еву и сказал Адаму: «**Выбирай** себе жену.»

4. – Простите, я **видел** ваше лицо где-то в другом месте. Это были вы?
   – Моё лицо отдельно от меня не ходит. Меня **создал** папа, а не мультипликатор.
   – Извините, я **ошибся**.

5. – Почему вы **убили** зайца? Вы же не член общества охотников.
   – А почему заяц **ел** капусту на моём огороде? Он же не член моей семьи.

6. Фокусник **объявил** зрителям о единственном фокусе в мире. Для этого он **пригласил** на сцену из зала мальчика, который сидел в первом ряду.

– Мальчик, ты местный? Как тебя зовут?

– Местный, Боря.

– Боря, ты раньше **видел** такие фокусы, как сегодня?

– Нет, никогда!

– Можешь **сказать** зрителям в зале, что видишь меня первый раз?

– Да, папа.

7. – Дорогая, любимая, поздравляю тебя с днём рождения!

– Я **приготовил** тебе необыкновенный подарок. Ты сейчас **упадёшь** от радости, а гости **умрут** от зависти.

– Я умираю от нетерпения.

– Я **открыл** новый вирус и **назвал** его твоим именем.

8. Доктор говорит медицинской сестре:

– Прошу вас, **возьмите** термометр, **пойдите** во вторую палату и **посмотрите**, у кого из больных под мышкой моя ручка.

9. – Дорогой, ты ведь любишь меня?

– Короче, что тебе надо **купить**?

10. Официант спрашивает посетителя:

– Вы чем-то недовольны?

– Этот бифштекс в два раза меньше того, который вы мне **давали** вчера. А цена такая же.

– А где вы сидели вчера?

– У окна.

– Посетителям, которые сидят у окна, мы всегда даём двойную порцию для рекламы.

– Тогда **получите** с меня половину от вчерашнего счёта. На рекламу такой порции я согласия не **давал**.

11. – Миша, почему ты не переезжаешь на дачу?

– Пока не могу, хочу **научить** свою собаку **лаять**, когда она **захочет** есть. Я уже провёл около 100 тренировок.

– И что, теперь она лает?

– Теперь она не ест, пока я не **залаю**.

12. В комнату дочери входит радостный отец и говорит:

– Мне на работу позвонил Борис, он просил твоей руки!

– Я же ему отказала: я не хочу расставаться с мамой.

– Зачем расставаться? Ты можешь взять её с собой.

13. – Может ли семья из четырёх человек **прожить** на одну зарплату?

– Может, если они **будут жить** по очереди.

14. – Что делать, если жена **потеряет** голос?

– Немедленно **разбейте** её любимую вазу.

15. – Доктор, что у меня с глазом?

Врач **осмотрел** глаз и начал **выписывать** рецепт.

– Да, дело серьёзное. Вы можете **ослепнуть**. Вот вам лекарство. С вас 100 рублей.

– Доктор, этот глаз у меня стеклянный.

16. – Ну и как **помог** мой совет вам **уснуть**? Вы сосчитали до 25550 и больше?

– Да, доктор, **считал**.

– **Уснули**?

– Нет, было уже утро.

17. – Дорогой мой, вам нужно **носить** очки, – говорит врач пациенту, который только что **вошёл** в кабинет.

– Но, доктор, вы даже не **проверили** моё зрение.

– Зачем **проверять**, если вы вошли ко мне через окно.

18. В милицию **пришёл** посетитель.

– У меня **пропала** жена.

– **Напишите** заявление. **Опишите** её внешность. Только **пишите** подробнее, пожалуйста.

– Но очень прошу вас, когда вы её **найдёте**, не **показывайте** ей моё описание.

19. – Простите, пассажир, вы не можете **найти** своё купе? – спрашивает проводник человека, который возвращается из вагона-ресторана.

– Спасибо! Но я хорошо помню, что до обеда в ресторане окно моего купе **выходило** на какое-то озеро.

20. – Скажите, вы верите в привидения?

– Разве я похож на идиота?

– Тогда на кого похож ваш дядя? Вчера вы **ушли** с работы на его похороны, а он **приходил** за вами, чтобы пообедать с вами в ресторане «Прага».

21. – Ну пусть я плохой! Но ведь я **познакомил** тебя с твоей будущей женой!

– Тот день я никогда **не забуду**, но, как друг, ты мог **наказать** меня полегче!

22. Психиатр говорит своему пациенту:

– Так вы считаете, что вы совсем здоровы, как **говорили** своему врачу. **Расскажите** мне всё с самого начала.

– Я ему **говорил**, уважаемый профессор, в самом начале я **создал** Землю и небо...

23. Врач говорит пациенту, который **пришёл** в себя после операции:

– Вы хорошо **перенесли** операцию, но перед ней вы вели себя ужасно: **вырывались**, **кричали** ...

– Ещё бы! Ведь меня послали в больницу **мыть** окна.

24. – Как быстро меняется человек после свадьбы! До женитьбы мне **нравились** все женщины.

– А сейчас?

– А сейчас я люблю на одну меньше.

25. – Дорогой, если ты меня **поцелуешь**, я буду твоей всю жизнь!

– Дорогая, спасибо, что **предупредила**.

Задание 2. *Прочитайте текст. Определите вид выделенных глаголов и объясните их употребление. Ответьте на вопросы, данные после текста.*

ИЗ ИСТОРИИ МОСКВЫ

Более 100 лет просуществовала Москва, пока не **пришла** на Русь страшная беда. Хан Батый с огромным войском **напал** на русские княжества, он **сжигал** и **опустошал** всё на своём пути. И не устояла Москва. Надолго воцарилось на Руси татаро-монгольское иго.

Но постепенно Москва стала **возрождаться**. Особенно она окрепла, когда на московский престол вступил князь Иван Данилович Калита. Он был хитрым и ловким человеком. Он **понимал**, что Русь ещё слаба и не сможет **победить** врага. Тогда Иван Калита стал **ездить** в Золотую Орду и **дарить** ханам и их жёнам дорогие подарки. А за это татары не **нападали** на Москву целых 40 лет.

За эти годы Москва **разрослась** и **разбогатела**. А князь **построил** вокруг неё дубовый Кремль. **Строился** этот Кремль на века, а простоял всего 30 лет с небольшим.

Потом **правил** в Москве внук Ивана Калиты Дмитрий Иванович. Он **построил** новый Кремль из белого камня. Меньше чем через год **выросла** вокруг Москвы грозная и неприступная крепость.

Между тем Русь **набирала** силы и уже не хотела **терпеть** больше татарского ига. Тогда князь Дмитрий задумал открыто сразиться с татарами. Он **призвал** в Москву воинов из разных городов. Стали **собираться** полки, стали **готовиться** к великой битве. Из ворот белокаменного Кремля отправились русские воины на Куликово поле, туда, где речка Непрядва впадает в Дон. И вот наступил день решающего сражения. Когда **рассеялся** туман над Куликовым полем, русские воины **увидели** перед собой огромное татарское войско. **Выехал** из татарского войска богатырь Челубей, а из русского – Александр Пересвет. **Разъехались** воины в разные стороны, а потом **сошлись** и **поразили** друг друга копьями насмерть. И началась тогда невиданная кровавая битва. Земля гудела от конских копыт, от стрел не видно было солнца, всё огромное поле было покрыто телами погибших. И только к вечеру удалось **победить** врага.

С тех пор князя Дмитрия Ивановича стали **называть** Донским. Но татары были ещё сильны, и только через 100 лет удалось **победить** их окончательно.

А случилось это при московском князе Иване III, который не только не ездил в Орду с подарками, но и перестал **оказывать** почести татарским послам. Он прекратил **платить** им дань, а когда приехали татарские послы, то князь порвал ханскую грамоту, а послов приказал казнить.

Так Русь стала свободным государством, а Москва – столицей всея Руси. Нужно было **украсить** Москву соответственно её новой роли. И Иван III решил **пригласить** в Москву самых знаменитых строителей из Италии. Они и **построили** новый кирпичный Кремль. Тот самый, который вы можете **видеть** сегодня.

Вопросы

1. Какая беда пришла на Русь после 100 лет её существования?

2. Когда и почему Москва начала возрождаться?

3. Что произошло с Москвой и в Москве за 40 лет правления князя Ивана Калиты?

4. Что произошло в Москве за время правления внука Ивана Калиты?

5. Почему Дмитрий Иванович решил сразиться с татарами?

6. Как он готовился к битве с татарами?

7. Как началась битва Дмитрия Ивановича с татарами на Куликовом поле?

8. Как проходила битва на Куликовом поле между русскими и татарскими воинами?

9. Почему Дмитрия Ивановича стали называть Донским?

10. Когда и как удалось победить татар окончательно?

11. Почему и зачем Иван III пригласил в Москву знаменитых строителей из Италии?

Задание 3. *Прочитайте текст. Определите форму и вид выделенных глаголов, объясните их употребление. Ответьте на вопросы, данные после текста.*

КАК ПОЯВИЛИСЬ НАЗВАНИЯ МОСКОВСКИХ УЛИЦ

В Москве более четырёх тысяч улиц и переулков. Их названия могут **рассказать** много интересного о Москве и москвичах. Они хранят память об истории, природе, событиях, которые **происходили** в Москве.

Там, где теперь проходят современные магистрали, когда-то был лес, текли ручьи и речки. Их было около ста пятидесяти: Синичка, Сивка, Неглинная и многие другие. Уже давно нет этих речек, или они текут в подземных трубах. Но в названиях улиц и переулков **осталась** память о них: 1-я и 2-я Синичкины улицы, переулок Сивцев Вражек, улица Неглинная и др.

В древней Москве было много и прудов. Один из них – Поганый (грязный) пруд находился в конце Мясницкой улицы. На этой улице жили мясники, здесь же они торговали мясом в своих лавках. И все отходы **выбрасывали** в пруд, поэтому его стали **называть** Поганым. Пруд этот существует и сейчас, но называется Чистым. Как же Поганый пруд превратился в Чистый? Случилось это в XVIII веке, когда недалеко от пруда **поселился** богатый и знатный человек Александр Данилович Меншиков. Конечно, соседство с Поганым прудом ему не **понравилось**, и он приказал очистить его. С тех пор этот пруд **получил** название Чистый.

О полях, лугах и рощах, которые когда-то были на территории современной Москвы, напоминают такие названия улиц, как Дубовая роща или Остоженка. В далёкие времена на месте улицы Остоженка был луг, на котором стояли стога сена.

Все москвичи хорошо знают и любят парк «Сокольники». Но не все знают, как **произошло** это название. А произошло оно от слова « сокол». Сокол – это хищная птица, с помощью которой **устраивали** царскую соколиную охоту, так как на месте парка был когда-то лес, где водились разные птицы и животные.

В древней Москве ремесленники **селились** в особых районах – слободах. Об этом напоминают названия многих современных улиц и переулков. Например, Кузнецкий Мост, где жили кузнецы, Пушечная улица, где раньше **отливали** пушки, Гончарный переулок, где жили гончары, которые **изготовляли** посуду, и т. д.

Когда Москва разрослась, в разные стороны от неё пошли дороги в богатые города и далёкие сёла. Со временем эти дороги стали улицами. Так появились улицы Тверская, Смоленская, Дмитровское шоссе и др.

Есть в Москве улица Ордынка, на которой раньше **селились** послы из Золотой Орды, а недалеко от неё находятся Большой и Малый Толмачёвские переулки, где когда-то жили толмачи – переводчики с татарского языка.

О борьбе с врагами, нападавшими на Москву, напоминает название ещё одной улицы – Сретенки. В конце XIV века пришло в Москву страшное известие – идёт на Русь с огромным войском непобедимый хан Тимур (Тамерлан). Одно его имя **наводило** ужас на народы Востока: от Китая и Индии до Кавказа и Турции. Всю жизнь Тимур **проводил** в походах, неделями не **сходил** с коня. Он был жестоким завоевателем, не **знал** ни страха, ни жалости, ни поражений.

Москвичи стали **готовиться** к войне, стали **думать**, как защитить родной город. Тогда они решили привезти из города Владимира чудотворную (которая совершает чудо) икону Владимирской Божией Матери. Считали, что эта икона защищает русские земли от врагов.

И вот привезли её в Москву. Торжественно, под звон колоколов, **встречали** москвичи икону, а потом с почётом **отнесли** её в Успенский собор. Эта встреча, или сретение, как тогда говорили, произошла на улице, по которой проходила дорога во Владимир. Днём и ночью **молились** москвичи перед этой иконой. И произошло чудо! Неожиданно Тимур **повернул** назад и **ушёл** в восточные земли. С тех пор улица, на которой **встречали** икону Владимирской Божией Матери, называется Сретенкой.

Вопросы

1. Почему название московских улиц могут рассказать много интересного о Москве?
2. О чём говорят названия таких улиц, как Синичкины улицы, Сивцев Вражек, Неглинная улица?

3. Что вы можете рассказать о пруде, который получил название Чистый?

4. О чём напоминают названия таких улиц, как Дубовая, Остоженка?

5. Что вы узнали о названии парка «Сокольники»?

6. Откуда произошли названия таких улиц, как Кузнецкий Мост, Пушечная улица, Гончарный переулок?

7. С чем связана история названий таких улиц, как Тверская, Смоленская, Дмитровское шоссе?

8. Что вы знаете о названии таких улиц, как Ордынка, Большой и Малый Толмачёвские переулки?

9. Какая история связана с названием улицы Сретенка?

10. Какие ещё названия московских улиц вы знаете и что можете рассказать об их происхождении?

Задание 4. *Прочитайте текст. Определите форму и вид выделенных глаголов, объясните их употребление. Ответьте на вопросы, данные после текста.*

ИЗ РУССКОЙ ИСТОРИИ

Иван III женился на византийской царевне Софии Палеолог. И в дальнейшем собирался **совершать** браки русских царей с представительницами европейских правящих домов. Но он не имел времени **искать** невесту наследнику за границей, так как чувствовал свою близкую кончину. И тогда он решил его женить на россиянке. Считают, что на это решение **повлиял** боярин греческого происхождения Юрий Малый. Он хотел выдать замуж свою дочь за сына Ивана III Василия, будущего отца Ивана Грозного.

Василий выбрал из 1500 молодых девушек дочь незнатного сановника, но зато очень красивую Соломонию Сабурову. Её предок Мурза Чет был выходцем из Орды. Он принял христианскую веру и поступил на службу к московскому князю в XIV веке.

За 20 лет семейной жизни красавица Соломония не **смогла** родить ребёнка. Их моления Богу о наследнике не **помогли** им. Летописец **писал**, что однажды Василий **увидел** на дереве птичье гнездо и **заплакал** со словами: «Птицы счастливее меня, у них есть дети».

С разрешения митрополита Даниила Василий III развёлся с женой, Соломонию отправили в монастырь. Новой супругой государя стала

Елена Глинская. Она была из богатого и знатного рода, также татарского происхождения. Елена **воспитывалась** в доме своего дяди Михаила Глинского, который **получил** образование в Германии, успешно служил в Саксонии и Италии, затем вернулся в Литву, а уже потом появился при дворе Василия III. Бояре считали Глинских чужеземцами, и поэтому некоторые из них **осуждали** второй брак Василия.

Василий дорожил любовью молодой супруги. Не только красотою пленила его Елена. Она явно **отличалась** от скромных московских княжён европейскими манерами.

Но и этот брак был три года бездетным. Наконец 25 августа 1530 года родился долгожданный наследник – Иван IV. Говорят, в эти минуты земля и небо **сотрясались** от громовых ударов. Они **сопровождались** непрерывной молнией.

Счастливый отец радостно **слушал** предсказания астрологов, которые **обещали** наследнику великие дела. Но за стенами дворца они **предсказывали** ему кровавые деяния.

Вопросы

1. Как и на ком Иван III женил своего наследника Василия?

2. Был ли счастливым первый брак Василия III?

3. Что представляла собой Елена Глинская, вторая жена Василия III?

4. Когда родился Иван IV?

5. Какая погода была в день рождения?

6. Что предсказывали астрологи Ивану IV?

Задание 5. *Прочитайте текст. Определите вид значения выделенных глаголов. Ответьте на вопросы. Следите за употреблением видов.*

МУЗЕЙ-УСАДЬБА «КОЛОМЕНСКОЕ» – АРХИТЕКТУРНЫЙ МУЗЕЙ РУССКОГО ДЕРЕВЯННОГО ЗОДЧЕСТВА ПОД ОТКРЫТЫМ НЕБОМ

Недалеко от Москвы находится древний русский город Коломна. В древности он неоднократно **защищал** Москву от нападения татар. В 1237 году огромное войско хана Батыя **осадило** город Коломну. Жители мужественно **защищали** свой родной город и в бою убили монгольского полководца Кулькана, сына Чингисхана. За его смерть Батый приказал убить всех жителей Коломны. Только немногим удалось спастись. По ночам они плыли по Москве-реке. Наконец они остановились вблизи Москвы и назвали своё новое село Коломенским в честь своего родного города Коломны.

Позднее Коломенское стало летней резиденцией русских царей, местом охоты и отдыха.

Коломенское тесно связано с русской историей. На территории Коломенского находится храм Вознесения, построенный в честь рождения Ивана IV (будущего Грозного) по приказу Василия III.

Коломенское **посещал** Иван Грозный с семьёй, здесь **останавливался** Лжедмитрий, **проходили** отряды крестьянской армии под руководством Болотникова. В сентябре 1682 года сюда **приезжала** царица Наталья Кирилловна с детьми Иваном и Петром (будущим Петром I). Детские и юношеские годы Петра I **проходили** в Коломенском. В 80-е годы XVII века Коломенское стало одним из мест формирования русской регулярной армии. В апреле 1760 года Пётр I **совершил** свою первую поездку на яхте по Москве-реке в Коломенское.

В парке музея стоят четыре пушки петровского времени. Предполагают, что эти пушки **стреляли** во время Полтавской битвы. Коломенское как усадьба русских царей создавалось в XVI–XVII веках лучшими зодчими того времени. Его основой стали Двор великого князя или, как его **называли**, Государев двор, т.е. он **представлял** собой архитектурный ансамбль средневековой русской усадьбы, которую **окружали** парк и шесть фруктовых садов, где **росли** яблони, груши, сливы, вишни и другие редкие деревья. До настоящего времени **сохранились** в парке 600-800-летние дубы.

В состав Коломенского ансамбля входят 17 памятников архитектуры. Главные из них – это храм Вознесения (1632), построенный в период русского централизованного государства; Георгиевская колокольня; Спасские ворота (конец XVII века), Красные ворота с часовой башней (XVII век) – парадный въезд в дворцовую усадьбу. По сторонам Красных ворот **сохранились** Приказные палаты, которые занимались охраной усадьбы и её управлением, и другие хозяйственные постройки.

В центре Государева двора находился деревянный дворец XVII века, который был разобран в 1767 году. На территории музея также находятся ныне действующая церковь Казанской Богоматери и церковь Иоанна Предтечи. В здании Красных ворот разместилась экспозиция музея. Здесь демонстрируются материалы из истории Коломенского: коллекции колоколов, резьбы по дереву, предметы быта, керамики, а также работы известного русского художника М.А. Врубеля.

После переноса в 1713 году столицы из Москвы в Петербург Коломенское пришло в упадок.

Уже в советское время (в 20-е годы) на территории Коломенского под руководством архитектора Барановского **создали** музей деревянного зодчества под открытым небом. В связи с этим в разное время в Коломенское из разных частей России **привезли** замечательные памятники русской деревянной архитектуры: проездные ворота Николо-Карельского монастыря, башню Братского острога середины XVII века, домик Петра I и др.

Коломенское – это не только музей древнего русского зодчества, но и живая история русского государства.

Вопросы

1. Что вы знаете об истории названия музея «Коломенское»?
2. Почему музей «Коломенское» называется музей-усадьба?

Задание 6. Прочитайте текст. Определите форму и вид выделенных глаголов, объясните их употребление. Перескажите текст.

СЛУЧАЙ В ОКЕАНЕ

Они родились в разное время, но теперь **будут отмечать** свой день рождения вместе.

Трое французов – Клод Брио, его младший брат Даниель и Антуан Мюллер решили совершить на яхте «Юбу» путешествие на Канарские острова, а потом в Карибское море.

Ночью, когда братья **спали**, Антуан **нёс** вахту. Вдруг он **почувствовал** какой-то удар, не понял, в чём дело. В это время от удара проснулись Клод и Даниель. Они начали **осматривать** яхту. Через полчаса они заметили, что в яхте много воды. После четырёхчасовой работы они поняли, что яхту нельзя **спасти** и надо **спасаться самим**. Они спустили на воду лодку и взяли с собой самое необходимое. На их глазах яхта утонула. Они остались в лодке, в темноте, в штормовом океане.

Они понимали, что другие корабли их могут не **увидеть**. Правда, они надеялись на красные ракеты, которые они взяли с собой.

Около полудня яхтсмены (спортсмены, которые управляют яхтой) **увидели** суда, но, несмотря на сигналы, эти суда **прошли** мимо.

Наступила вторая ночь после катастрофы. И вдруг яхтсмены **увидели** два больших судна, которые шли на юг. Одно было греческим, другое – российским. Яхтсмены дали сигнал, русское судно сразу **замедлило** ход.

Было нелегко **спасать** французов из-за высоких волн, но их всё-таки **спасли**.

В мае французы построили новую яхту и назвали её русским словом «Спасибо».

Задание 7. *Прочитайте текст. Определите форму и вид выделенных глаголов, объясните их употребление. Перескажите текст.*

СОБАКА ПРОТИВ ЗМЕИ

Это драматическое событие произошло в деревне Пеньково под городом Пятигорском. Житель деревни 45-летний Андрей Гаврилов находился во дворе своего дома, когда его пёс Мухтар вдруг **оттолкнул** его в сторону и начал **лаять**. В этот момент Андрей **увидел** полутораметровую гремучую змею. Она уже была готова **напасть** на человека.

Собака встала между своим хозяином и змеёй так, чтобы змея не могла его **укусить**. Мухтар начал бой со змеёй не на жизнь, а на смерть. Он всё время **нападал** сверху, чтобы схватить змею, а змея каждый раз **кусала** его. Мухтар не **сдавался**. Он яростно и храбро **защищал** своего хозяина. Змея жестоко атаковала его. Она **укусила** его не меньше 10 раз. Но он мужественно **сопротивлялся**.

Вдруг Мухтар **зашатался** и **упал**. Андрей понял, что на него начал **действовать** яд. Он взял своего спасителя на руки, как ребёнка, и побежал к машине. Он вёл машину с максимальной скоростью ... Мухтар лежал рядом на сиденье и не **шевелился**. Андрей вёл машину, **плакал** и **говорил**: «Мухтар, я люблю тебя! Пожалуйста, **не умирай!**»

В кабинете ветврач (врач, который лечит животных) **сделал** Мухтару укол. Хозяин не **отходил** от своего любимца. Всё время он **просил** Бога **оставить** Мухтара в живых. И Мухтар выжил.

Потом врач **сказал**: «Это непостижимо, на что способна собака ради своего хозяина! Я бы дал ей медаль за храбрость!»

Задание 8. *Прочитайте текст. Определите форму и вид выделенных глаголов, объясните их употребление. Перескажите текст.*

ТРИ ТЫСЯЧИ МЕТРОВ БЕЗ ПАРАШЮТА

Это случилось в далёком 1942 году. Лётчик Евсей Аронович Малюков и его командир Демидов летели на разведку. Они наблюдали за движением немецких войск.

Но вот задание выполнено и можно **возвращаться**. В этот момент из-за облаков появились четыре немецких самолёта. Начался неравный бой: два против четырёх. Малюкову не удалось **выйти** из-под огня противника. Его машина потеряла управление. Но он всё-таки попытался уйти на свою территорию. Самолёт **загорелся** и в любой момент мог **взорваться**. Лётчик понял, что нужно оставить машину. В тот момент, когда парашют **раскрылся**, вражеская автоматная очередь **перебила** его парашют, и Малюков камнем полетел вниз.

Когда он **открыл** глаза, то **увидел** около себя незнакомых людей. Прошло несколько секунд, и он начал **слышать**. Люди говорили на русском языке. Один из них **сказал**: «А ведь он живой! Нельзя **давать** ему уснуть. Он может не **проснуться**».

Что же произошло? Во время боя его самолёт пересёк линию фронта, и поэтому Малюков уже без парашюта **падал** на свою территорию. И родная земля спасла его: он **упал** в глубокий снег. Он сломал ноги, отбил внутренние органы, но остался жив. В это время с земли за воздушным боем следили бойцы. Малюков не успел ещё **упасть** в снег, а к этому месту уже **мчалась** машина.

23 февраля 1942 года лётчик Евсей Аронович Малюков **запомнил** на всю жизнь. Этот день должен был стать последним его днём. Но не **стал**. Его спасение можно **назвать** чудом. А может быть, это и было чудо?

Задание 9. *Прочитайте текст. Определите форму и вид выделенных глаголов, объясните их употребление. Перескажите текст.*

НОЖИЧЕК С КОСТЯНОЙ РУЧКОЙ

Из Москвы мне **привезли** небольшой перочинный ножичек с костяной ручкой. Этот ножичек был для меня бесценным сокровищем. Даже сам учитель Фёдор Петрович **брал** у меня ножичек, чтобы заточить карандаши. Неприятность произошла как раз на уроке Фёдора Петровича. Мы с Юркой решили вырезать на столе буквы *В* и *Ю*, и я полез в сумку, чтобы достать ножичек. Но рука не **встретила** ножичек в привычном месте. Я забыл про урок и про учителя, стал **искать** ножичек, но нигде не **находил** его.

– Что случилось, почему ты под столом? **Встань** как следует, я говорю! – **услышал** я голос учителя.

– Ножичек у меня украли, который привезли из Москвы.

Почему я сразу решил, что ножичек украли, а не я сам потерял его, неизвестно. Но я не сомневался: конечно украли – ведь все **завидовали** моему ножу.

– Может, ты забыл его дома? **Вспомни, подумай** хорошенько.

– Незачем мне **думать**. На первом уроке он у меня был, мы с Юркой карандаши **чинили**...

– Юрий, **встань**! Вы чинили карандаши на первом уроке?

Юрка **покраснел**. Ему не **нравилась** эта история, потому что сразу все могли **подумать**, что это он взял ножичек, потому что он сидит рядом со мной. Но он честно сказал:

– **Чинили**.

Фёдор Петрович оглядел класс и строгим голосом сказал:

– Кто взял нож, **подними** руку.

Ни одна рука не **поднялась**. Покрасневшие лица моих товарищей по классу **опускались** всё ниже и ниже под взглядом учителя.

– Ну хорошо! – Учитель достал список учеников нашего класса.

– Барсукова, **встань**! Ты **взяла** нож?

– Я не **брала**.

– **Садись**. Воронин, **встань**! Ты **взял** нож?

– Я не **брал**.

– Садись...

Один за другим **вставали** мои товарищи... Каждый из них **краснел**, когда **вставал**, каждый из них **отвечал** одно и то же: «Я не **брал**».

– Ну хорошо, – сказал Фёдор Петрович.

– Сейчас мы **узнаем**, кто из вас не только вор, но ещё и трус, и лгун. **Выйти** всем из-за стола и **встать** около доски.

Первым делом Фёдор Петрович стал **проверять** сумки и столы учеников. Мне было стыдно, что я виноват в этой истории.

Прозвенел звонок на перемену, потом снова на урок, а потом снова... А поиски ножа **продолжались**. Постепенно ребят у доски **становилось** всё меньше, а ножичка нет как нет!

И вот что произошло, когда учителю осталось **обыскать** трёх человек. Я стал **укладывать** в сумку тетради и книжки. Вдруг из тетради мне на колени упал мой ножичек. Теперь я уже не могу **вспомнить** все чувства, которые появились у меня в одно мгновение: радость, потому что я нашёл ножичек? Нет, я скорее **обрадовался** бы, если бы ножичек провалился сквозь землю. Да и я был готов **провалиться** сквозь землю. Если я сейчас не скажу, что ножичек нашёлся, всё будет для меня просто: ну не нашли – и не нашли. Может быть, кто-нибудь успел **спрятать** его... Но тогда все **будут думать**, что в нашем классе учится вор. Если же я сейчас **скажу** правду... Я был не в силах **встать** и **произнести**: «Ножичек нашелся». Ведь из-за меня обидели моих товарищей, сорвали уроки...

Потом, как мне **рассказывали**, я вышел из-за стола, подошёл к учительскому столу и протянул руку вперёд – на руке лежал ножичек.

– Растяпа! – **закричал** учитель. – Что ты наделал? Вон из класса!

Потом я стоял у дверей школы. Мимо меня по одному **выходили** ученики. Почти каждый из них **говорил**: «Эх ты!»

Я упрямо стоял около дверей, пока не **прошёл** мимо меня весь класс. Последним **выходил** Фёдор Петрович.

– Растяпа! – тихо **сказал** он. – Ножичек у него украли! Эх ты!..

(По рассказу В. Солоухина)

Задание 10. *Прочитайте текст. Найдите сложноподчинённые предложения времени. Определите вид глаголов в главной и придаточной части. Объясните их употребление. Перескажите текст.*

ВЫХОД В ОТКРЫТЫЙ КОСМОС

18 марта 1965 года космонавты П. И. Беляев и А. А. Леонов на корабле «Восток-2» отправились в космический полёт.

Как только корабль вышел на орбиту, они начали готовиться к выходу в открытый космос. Такая операция должна была проводиться впервые в истории освоения человеком космоса. До того как совершить этот исторический полёт, космонавты долго и упорно тренировались.

После того как космонавты тщательно проверили всё, Леонов вышел, вернее «выплыл», в открытый космос. Он удалился от корабля примерно на метр. Пока Леонов, как птица, парил в безвоздушном пространстве, Беляев передавал на Землю сенсационное сообщение: «Человек вышел в космическое пространство!»

А.Леонов летел над Землёй и называл моря, океаны, районы, страны, которые видел внизу, пока не получил приказ от Беляева – возвращаться на корабль. Когда Леонов попытался войти в корабль, ему это не удалось. Он повторял попытки одну за другой, но всё было напрасно! По мере того как напряжённость ситуации возрастала, Центр управления полётов на Земле переживал вместе с космонавтом, успокаивал его и ободрял, но помочь ничем не мог.

Эта борьба за жизнь длилась уже 12 минут, а запас кислорода для космонавта был рассчитан только на 20 минут.

А дело было в том, что, пока Леонов находился в открытом космосе, его скафандр (одежда космонавта в космосе) потерял гибкость и не сжимался (уменьшался) при входе в люк (вход на космический корабль).

Вдруг Леонов принял отчаянное решение – войти в люк головой вперёд. Попытка ему удалась! Космонавт был спасён!

Задание 11. *Прочитайте текст. Определите форму и вид выделенных глаголов и объясните их употребление. Ответьте на вопросы, данные после текста, и перескажите его.*

АЛЕКСАНДР ЛЕОНИДОВИЧ ЧИЖЕВСКИЙ

Александр Леонидович Чижевский – великий русский учёный, изобретатель знаменитой люстры. Это изобретение было одним из самых значительных в XX веке.

Чижевский открыл целебные свойства аэронов (отрицательно заряженных частиц воздуха), которые положительно влияют на всё живое, и создал на этом принципе прибор для лечения электричеством многих болезней. В знак уважения учёные назвали этот прибор люстрой Чижевского.

Почему в горах так много долгожителей? Потому что в горном воздухе много аэронов. Они останавливают старение клеток в организме. То же самое происходит после грозы, так как свежий воздух переполнен отрицательными ионами (аэронами). В люстре Чижевского действует принцип грозы, но без молнии и грома. Она очищает от пыли воздух комнаты за 10–15 минут и наполняет его целебными аэронами.

Александр Леонидович ещё в молодости обратил внимание на странную закономерность, существующую в природе: когда на Земле **начинались** разные эпидемии, то в это же время **происходили** ужасные бедствия: землетрясения, извержения вулканов, наводнения, засухи. Во время этих стихийных катастроф **менялся** лик Солнца, он **тускнел**, на нём **появлялись** чёрные пятна. Это явление **отмечали** ещё летописцы и древние историки.

Чижевский поставил перед собой задачу – выяснить, как Солнце влияет на земные явления, на живой мир. Оказалось, что при измене-

130

нии числа солнечных пятен изменяются величина урожаев, рост деревьев, увеличивается число насекомых и несчастных случаев, появляются и распространяются болезни.

Когда в 1816 году в Индии **началась** очередная эпидемия холеры, на Солнце **появилось** много пятен. Но когда в 1822 году число солнечных пятен **сократилось**, болезнь стала затихать. То же самое **происходило** с эпидемиями других болезней.

В 1924 году **вышла** в свет книга А.Л. Чижевского под названием «Физические факторы исторического процесса». В ней он **доказывал**, что Солнце активно влияет не только на природные, но и на общественные явления, на войны и революции.

Эту книгу резко **критиковали**, а Чижевского **называли** лжеучёным. Злобные нападки **продолжались** ещё долго. А в 1942 году учёного арестовали. Он провёл в тюрьмах, лагерях и ссылке около 16 лет. Лишь в 1958 году он **вышел** на свободу и вернулся в Москву.

А.Л. Чижевский занимался и другими научными проблемами. Он был не только учёным, но и замечательным художником, поэтом, музыкантом.

Он умер 20 декабря 1964 года.

Вопросы

1. Что такое люстра Чижевского?
2. На какую закономерность, существующую в природе, обратил внимание в молодости А.Л. Чижевский?
3. Какую научную концепцию доказывал А.Л. Чижевский в своей книге «Физические факторы исторического процесса»?
4. Как общественность встретила его книгу?
5. Какими ещё проблемами занимался А.Л. Чижевский?

Глава VII. УПРАЖНЕНИЯ ДЛЯ КОНТРОЛЯ

Упражнение 1. *Прочитайте текст. Выберите из скобок глаголы нужного вида. Укажите возможные варианты.*

СОБОРЫ КРЕМЛЯ

На территории Кремля стоят три храма: Успенский, Архангельский и Благовещенский.

Успенский собор (строить—построить) итальянский архитектор Аристотель Фиорованти. Он был самым умелым строителем того времени. Он (строить—построить) крепости, (возводить—возвести) мосты, (передвигать—передвинуть) башни, (отливать—отлить) пушки и колокола.

С большим трудом удалось (уговаривать—уговорить) его, чтобы он (приезжать—приехать) в Россию. За свою работу он захотел (получать—получить) 10 рублей в месяц. Тогда это была огромная сумма. На эти деньги можно было (покупать—купить) целую деревню.

Наконец собор (строить—построить). Великий князь (праздновать—отпраздновать) это событие 7 дней.

Успенский собор был одним из самых торжественных и красивых на Руси. Здесь венчали на царство русских царей, хоронили русских патриархов.

Архангельский собор тоже (строить—построить) итальянские мастера. Здесь (хоронить—похоронить) великих московских князей и царей. Перед военными походами московские князья (приходить—прийти) сюда, чтобы поклониться предкам и получить от них помощь в борьбе за свободу своего народа.

Благовещенский собор был домовой церковью царей. В этом соборе русские цари (венчаться—обвенчаться) и (крестить—окрестить) своих детей.

Упражнение 2. *Прочитайте текст. Выберите из скобок глаголы нужного вида и употребите их в нужной форме. Укажите возможные варианты.*

АКАКИЙ АКАКИЕВИЧ

Когда и в какое время он (поступать—поступить) на работу в департамент, никто не мог (вспоминать—вспомнить). Сколько переменялось директоров и всяких начальников, а его (видеть—увидеть) всё на одном и том же месте, в том же положении, в той же самой должности – чиновник для письма ... В департаменте никто не уважал его. Сторожа не только не (вставать—встать) с мест, когда он (проходить—пройти), но даже не (смотреть—посмотреть) на него, как будто бы (пролетать—пролететь) простая муха. Начальники (поступать—поступить) с ним как-то холодно-деспотически. Какой-нибудь помощник столоначальника (давать—дать) ему бумаги и не (говорить—сказать) даже: «(переписывать—переписать)!» А он (брать—взять) бумагу, не глядя, кто положил ему её и имел ли на это право. Он (брать—взять) её и тут же (начинать—начать) (писать—написать) её. Молодые чиновники (смеяться—посмеяться) над ним. Но ни одного слова не (отвечать—ответить) на это Акакий Акакиевич, как будто бы никого не было перед ним. Среди всех этих документов он не (делать—сделать) ни одной ошибки в письме. Только если уж слишком была невыносима шутка и когда (толкать—толкнуть) его под руку, (мешать—помешать) заниматься своим делом, он (говорить—сказать): «(оставлять—оставить) меня! Зачем вы меня обижаете?»

(По повести Н.В. Гоголя «Шинель»)

Упражнение 3. *Прочитайте текст. Выберите из скобок глаголы нужного вида. Объясните свой выбор. Укажите возможные варианты. Перескажите текст.*

КОТ-ВОРЮГА

Все дни от рассвета до темноты мы (ловить—поймать) рыбу. Домой мы (возвращаться—возвратиться) вечером со связками серебристой рыбы. Но каждую ночь нас (обворовывать—обворовать) рыжий кот. Он (воровать—своровать) всё: рыбу, мясо, сметану и хлеб. Этого кота мы звали Ворюгой, потому что это был кот-бродяга и бандит. Он ловко (прятаться—спрятаться), и никто никогда его не (видеть—увидеть).

Почти месяц мы (ловить—поймать) кота, но не могли (ловить—поймать) его. Деревенские мальчишки (помогать—помочь) нам. Но всё было бесполезно.

Однажды мальчишки (прибегать—прибежать) к нам и (рассказывать—рассказать), что (видеть—увидеть) кота с рыбой в зубах: он (пробегать—пробежать) мимо них.

Мы решили (ловить—поймать) кота и (бить—побить) его за воровство.

Вечером кот (красть—украсть) у нас кусок колбасы и (залезать—залезть) с ним на дерево. Мы начали трясти дерево. Кот (ронять—уронить) колбасу, (прыгать—прыгнуть) с дерева и (убегать—убежать).

Но, наконец, мы (ловить—поймать) кота. Он (залезать—залезть) под дом. Выход оттуда был только один. Но кот не (выходить—выйти). Тогда один мальчик – Лёнька привязал к леске рыбу и бросил её коту под дом. Мы услышали, как кот ест рыбу. Тогда Лёнька потащил леску. Кот не хотел (отдавать—отдать) вкусную рыбу. Через минуту голова кота (появляться—появиться) с рыбой в зубах.

Мы впервые рассмотрели кота. Это оказался очень худой рыжий кот.

Мы не знали, что делать с котом. (Бить—побить) мы его, конечно, не стали. И тогда решили хорошо (кормить—накормить) его. Кот (есть—съесть) жадно и долго, больше часа. С этого дня он стал жить у нас и больше никогда не (воровать—своровать).

(*По рассказу К.Г. Паустовского*)

ЛИТЕРАТУРА

Бондарко А.В. Вид и время русского глагола. М., 1976.

Грамматика современного русского литературного языка. М., 1970.

Лобанова Н.А., Степанова Л.В. Употребление видов глагола. М., 1971.

Ломов А.М. Очерки по русской аспектологии. Воронеж, 1977.

Маслов Ю.С. Вопросы глагольного вида в современном языкознании. М., 1962.

Рассудова О.П. Употребление видов глагола в русском языке (для иностранцев). М., 1968.

Рассудова О.П. Употребление видов глагола в современном русском языке. М., 1982.

Рассудова О.П. Употребление видов глагола. М., 1967.

Русская грамматика. М., 1980.

Шведова Л.Н., Трофимова Т.Г. Пособие по употреблению видов глагола для работы с филологами-русистами. М., 1987.

ОГЛАВЛЕНИЕ

Предисловие...3

Глава I.   Употребление глаголов НСВ и СВ в прошедшем времени.....5

1. Употребление глаголов СВ, называющих действие как конкретный целостный факт, ограниченный пределом, и глаголов НСВ, называющих действие как не ограниченный пределом процесс..5

2. Употребление глаголов НСВ со значением состояния и глаголов СВ, обозначающих момент возникновения состояния. 37

3. Употребление глаголов НСВ, допускающих представление об аннулированности результата в момент речи......44

Глава II.   Употребление глаголов НСВ и СВ
в будущем времени..59

Глава III.   Употребление глаголов НСВ и СВ
в повелительном наклонении. 69

Глава IV.   Употребление глаголов НСВ и СВ
в форме инфинитива..85

Глава V.   Употребление глаголов НСВ и СВ
в сложноподчинённых предложениях времени................103

Глава VI.   Тексты для повторения и активизации пройденного материала..113

Глава VII. Упражнения для контроля. 132

Литература 135